LES ENFANTS ASSISTÉS

A TRAVERS L'HISTOIRE

PAR

GEORGES CHEVILLET

SOUS-INSPECTEUR DE L'ASSISTANCE PUBLIQUE

Ouvrage honoré d'une souscription du Conseil général de Seine-et-Marne.

BERGER-LEVRAULT & Cⁱᵉ, ÉDITEURS

PARIS | NANCY
5, RUE DES BEAUX-ARTS, 5 | 18, RUE DES GLACIS, 18

1903

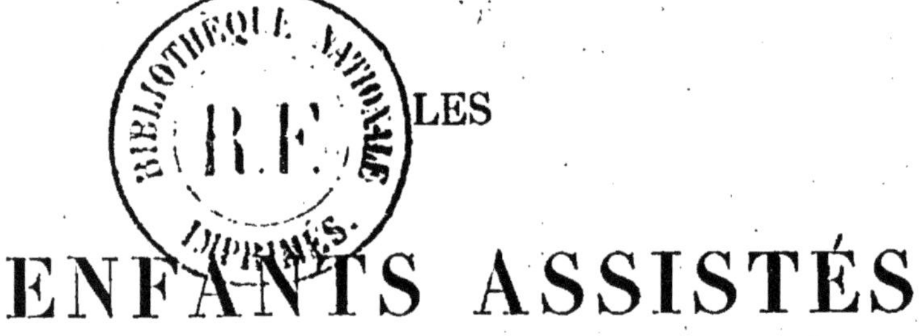

LES
ENFANTS ASSISTÉS

A TRAVERS L'HISTOIRE

LES
ENFANTS ASSISTÉS
A TRAVERS L'HISTOIRE

PAR

Georges CHEVILLET

SOUS-INSPECTEUR DE L'ASSISTANCE PUBLIQUE

Ouvrage honoré d'une souscription du Conseil général de Seine-et-Marne.

BERGER-LEVRAULT & Cᵗᵉ, ÉDITEURS

PARIS | NANCY
5, RUE DES BEAUX-ARTS, 5 | 18, RUE DES GLACIS, 18

1903

A

M. BOEGNER

PRÉFET DE SEINE-ET-MARNE

ET A

M. LE BOURDON

SECRÉTAIRE GÉNÉRAL

En reconnaissance et en souvenir
de leur bienveillance.

PRÉFACE

Écrire l'histoire, c'est suivre la grande route des siècles et y recueillir à chaque pas tous les faits qui ont marqué la marche continuelle de l'humanité, soit en montant vers le progrès et le but idéal de chaque gouvernement, soit en descendant vers la décadence qui a déjà marqué le déclin et la chute de tant de peuples.

Marche ascendante ou marche décroissante, les diverses parties de l'humanité ont toujours, chacune dans son lieu et dans son temps, suivi ces deux voies : l'histoire en est le rapport, l'image et le récit.

Le but de cet ouvrage n'est pas aussi grandiose.

On ne racontera ici ni vies d'hommes célèbres, ni batailles, ni désastres d'empires. On se renfermera dans un sujet plus simple et plus humble : il s'agit d'enfants, et des plus malheureux d'entre les enfants, ceux qui sont abandonnés.

Mais alors, pensera-t-on, il devra y avoir dans ce livre nombre d'anecdotes, car les anecdotes sont le partage de l'histoire de l'enfance, et elles seraient les fleurs qui charmeraient un peu le chemin à parcourir.

Non, pas davantage d'anecdotes qui intéressent peut-être l'imagination, mais ne sont pas l'Histoire elle-même fondée sur des documents importants; elles ne sont qu'une personnalité de l'Histoire.

On se renfermera ici dans la généralité des lois.

C'est en fixant les yeux sur les lois que nous gravirons la montée des siècles. Car, en fait d'histoire, la plus vraie et la plus claire est celle qui ressort des lois, parce que dans les lois on voit l'ensemble de l'esprit et du besoin d'une époque.

Les lois ont aussi une haute portée philosophique en histoire, car c'est par elles surtout que l'on pourra juger des efforts qui ont été faits pour le bien de l'enfance malheureuse.

Donc, faire l'histoire des Enfants Assistés par l'histoire des lois elles-mêmes sera notre but à atteindre, et notre livre pourra ainsi devenir d'autant plus utile que, tout en étant une histoire, il sera aussi un cadre renfermant en un seul bloc toutes les lois relatives à l'enfance.

N'était-ce pas une difficulté jusqu'ici pour les services de l'Assistance d'être obligés de recourir à des lois éparses de tous côtés et de feuilleter les volumes les plus divers afin de trouver un seul document ?

C'était une difficulté et une lacune.

L'auteur de cet ouvrage serait heureux s'il était parvenu à combler quelque peu cette lacune et à rendre ainsi intéressante et moins ardue, par un ensemble harmonieux, l'étude des documents si nécessaires pour bien comprendre l'esprit de ces services d'assistance de l'enfance malheureuse, à notre époque où cette question prend une immense importance.

Les lois sont les pierres d'où jaillissent les étincelles de l'Histoire. Que cette histoire des Enfants assistés soit une éclaircie et une lumière parmi tant d'ouvrages si sérieux qui ont déjà été faits, et notre humble but sera atteint !

LES

ENFANTS ASSISTÉS

A TRAVERS L'HISTOIRE

CHAPITRE PREMIER

LES ENFANTS ABANDONNÉS SOUS LA LOI ROMAINE

De tous temps il y eut des enfants abandonnés, car le genre humain a toujours été le même, non meilleur aux siècles précédents qu'aujourd'hui. Les vices et les misères ne sont pas nés de notre époque ; ils ont toujours existé et toujours l'enfant en a plus ou moins supporté le contre-coup.

Cependant les siècles antérieurs furent loin de faire pour l'enfant ce que fait aujourd'hui le nôtre, et nous n'avons qu'à remonter deux cent cinquante ans en arrière pour entrer dans l'ombre au sujet de l'histoire des pauvres petits êtres abandonnés.

Cette ombre séculaire cependant est sillonnée par quelques éclaircies, rares, il est vrai, mais qui jettent pourtant un rayon lumineux sur l'état de l'enfance

                    1

d'autrefois. Ces éclaircies se rencontrent dans les lois que tout gouvernement fort a aimé établir pour diriger les peuples.

C'est dans la loi romaine que nous trouvons les premiers vestiges de ce grand sujet de l'enfance. Je ne parle que de l'Occident; car les mœurs de l'Orient antique comme de l'Orient moderne sont trop différentes des nôtres pour nous intéresser au point de vue qui nous occupe ici. Nous descendons des Romains aussi bien que des Gaulois et nous pouvons être fiers d'avoir eu les uns et les autres comme ancêtres. Les lois romaines ont été les premières de notre pays et elles ont souvent servi de base à notre législation actuelle, législation que nous avons perfectionnée, il est vrai, car qu'est-ce que le progrès ne perfectionne pas?

On va peut-être me dire que je remonte bien haut, et que cette antiquité est peu appropriée au sujet. Que l'on ne s'effraye pas! Cette étude ne sera pas longue, car les lois romaines ne disent que quelques mots de l'enfant abandonné, mais ce qu'elles disent jette une lumière intéressante qui peut servir aux esprits curieux pour comparer le peu qui était alors avec le beaucoup d'aujourd'hui. C'est en comparant le point de départ avec le point d'arrivée que l'on juge du chemin parcouru. La comparaison ne pourra qu'être favorable à notre société actuelle dont les œuvres de l'enfance sont parvenues à l'état d'une grandiose conception après être entièrement sorties de l'ombre des siècles.

L'on sait que chez les Romains l'infanticide était admis par les mœurs comme par les lois ; le père, pour des raisons qu'il appartenait à lui seul de juger, avait le droit de vie et de mort sur son enfant.

D'après ces droits et connaissant la misère humaine, on peut deviner quel devait être le sort de l'enfance à cette époque. Tous les peuples se coudoyaient et se mélangeaient alors dans le monde sous l'immense domination de la République et, plus tard, des empereurs romains. S'il y avait des richesses insolentes, il y avait aussi des misères indescriptibles.

Rarement le riche venait au secours du pauvre, car le premier considérait le second comme d'une race autre que la sienne et bien inférieure. La République romaine était loin d'être une République d'égalité et de fraternité. Sous les premiers empereurs ces deux mots furent encore plus inconnus. Alors dans le désarroi continu des guerres nombreuses, des révoltes, des passages d'armées, des entraînements journaliers vers de nouvelles conquêtes, que de milliers d'enfants devaient mourir, exposés et abandonnés sans secours et sans pitié! S'il y a tant d'enfants abandonnés à notre époque où une bienveillante civilisation a fait beaucoup de progrès, combien cela devait-il être pire alors! Il est aussi difficile de le savoir qu'effrayant d'y songer. Heureusement, pour l'honneur de l'humanité, qu'à cette époque on ne connaissait que peu et on n'appliquait pas la science toute moderne des statistiques!

Cependant, vers le IIe siècle de notre ère, on s'aperçoit par les œuvres du jurisconsulte Julius Paulus que quelques grands cœurs prenaient pitié de cet état misérable de l'enfance. Julius Paulus, qui faisait partie du Conseil d'Alexandre Sévère et de Caracalla, osait faire entendre ces paroles au monde romain : « *Necare videtur non tantum is qui perforat, sed et is qui abjicit et qui alimonia denegat et is qui publicis locis misericordiæ causâ exponit quam ipse non habet.* — On doit considérer comme meurtrier non seulement celui qui tue l'enfant mais aussi celui qui l'abandonne, celui qui lui refuse les aliments et celui qui l'expose dans un lieu public, le confiant ainsi à la pitié étrangère, pitié que lui-même n'a pas le cœur d'avoir. »

Mais ces voix restaient solitaires, comme étouffées et perdues dans l'immense empire dont les sujets se ruaient à l'assaut des plaisirs, ne demandant pour vivre rien au delà que du pain et des jeux sanglants.

Cependant, soit que les Barbares, qui envahissaient déjà l'horizon, apportassent un sang plus jeune à cette société égoïste, soit qu'une religion nouvelle, celle du Christ, qui venait d'entrer dans le monde, répandît plus de douceur dans les mœurs, on voit bientôt la question de l'enfance prendre une nouvelle tournure.

Au IVe siècle, en 315, l'empereur Constantin fait publier la loi suivante qu'il adresse aux officiers publics de l'Empire : « Si un père ou une mère vous apporte son enfant qu'une extrême indigence empêche d'élever, les devoirs de votre place sont de lui procurer et la nourriture et les vêtements sans nul retard, parce que les besoins d'un enfant qui vient de naître ne peuvent être ajournés. Le trésor de l'Empire et le mien indistinctement fourniront à ces dépenses. »

Ceci concernait les enfants légimes nés de parents indigents. Cette bienfaisance impériale ne fut pas la même au sujet des enfants exposés et trouvés dont les parents restaient inconnus et qui par cela même étaient présumés être enfants naturels, ce qui devait être vrai dans un grand nombre de cas. Quoique ces pauvres déshérités méritassent autant d'égards que les autres, ils n'en avaient pas moins une tache qui semblait devoir retomber sur eux. Et, en effet, en l'année 329, Constantin, s'occupant des enfants trouvés, autorise leur esclavage. Il invite les étrangers à *prendre soin des enfants exposés*, et, pour les y déterminer, il leur confère le droit d'en disposer même à titre d'esclaves, après qu'ils les auraient nourris et élevés.

Le trésor public secourait donc les enfants légitimes indigents; il dédaignait les autres. Mais les lois, n'étant déjà plus aussi dures, reconnaissaient à ces derniers le droit de vivre et n'autorisaient plus de les faire disparaître dans la mort. C'est pourquoi les étrangers qui voulaient bien les recueillir et les élever en faisaient ensuite leurs esclaves pour se rémunérer de leurs dépenses.

Et, vu les mœurs de l'époque, cela était juste.

En 374, un rescrit impérial rendu par Valentinien complète la loi de Constantin en disposant que si, à l'insu du maître, l'enfant de la fille esclave avait été exposé, le maître pouvait le réclamer, mais, dans ce cas, il devait rembourser à celui qui l'avait recueilli les dépenses qui avaient été faites pour l'élever. Si, au contraire, l'enfant avait été exposé par le maître lui-même, celui-ci n'avait plus le droit de le revendiquer, « car, dit ce décret, en exposant l'enfant, le maître lui a fait courir le danger de la mort ; la pitié a inspiré la personne qui a bien voulu le recueillir, il est juste que le maître ne puisse réclamer comme sien l'enfant qu'il a délaissé périssant. »

Par ce même décret, un premier progrès venait aussi de s'accomplir, car il renferme la première défense positive de l'exposition que l'on rencontre dans les lois romaines. Il y est dit : « Que chacun nourrisse ses enfants. S'il se permet de les exposer, il devra porter la peine de son crime. »

N'était-ce pas un grand pas de fait ? On n'avait déjà plus le droit de vie et de mort sur les enfants. Ils étaient esclaves, il est vrai, mais au moins ils ne mouraient pas dans un total abandon. Or, la vie pour l'esclave, comme pour tous, vaut mieux que la mort, car le cœur peut se bercer encore d'un sourire d'espérance et entrevoir au loin une aurore de liberté.

Cette liberté commençait à poindre à l'horizon. En effet, quelques années plus tard, en 391, Valentinien, Théodose et Arcadius abolissaient les dispositions des lois anciennes qui conféraient un droit de propriété à ceux qui avaient recueilli et élevé les enfants abandonnés, et ils rendaient ces enfants libres. Ceux-ci cependant, pour rémunérer leurs bienfaiteurs, devaient leur consacrer quelques années de services.

Puis vint Justinien qui dans son code renouvela les dispositions de cette loi de liberté. En affranchissant de la servitude les enfants délaissés, il en donna une raison à la hauteur de laquelle on ne s'était encore jamais élevé jusque-là : « Celui, dit-il, qui a recueilli ces enfants, n'en peut pas être le possesseur, car, en les recueillant, il n'a dû agir que par un mouvement *de charité et non d'intérêt.* »

Ce fut là le dernier mot de la loi romaine.

A partir de ce moment, tout, au sujet des enfants abandonnés, retombe à peu près dans l'ombre, durant plusieurs siècles.

CHAPITRE II

DU Vᵉ AU XVIIᵉ SIÈCLE

Quelques lueurs de lois chez les Germains, les Francs et les Visigoths. — Guy de Montpellier et l'hôpital du Saint-Esprit. — Innocent III et le premier hospice dépositaire. — Sixte IV. — On voit apparaître le Tour. — Un hospice est fondé à Paris sous le règne du roi Jean II.

En disant, à la fin du chapitre précédent, que, depuis les quelques passages de la loi de Justinien, tout allait retomber dans l'ombre durant plusieurs siècles au sujet des enfants abandonnés, j'ai eu soin d'ajouter les mots « *à peu près* dans l'ombre. »

En effet, cette longue nuit fut sillonnée çà et là par quelques éclaircies.

Les Barbares, en envahissant l'Empire romain, s'approprièrent quelques-unes de ses lois; s'ils en firent d'autres, elles furent en beaucoup de points inspirées par la civilisation des territoires conquis. Et ces races envahissantes, quoique encore à demi barbares, ne se contentèrent pas de perfectionner certaines lois, mais elles y montrèrent du premier coup plus d'humanité vis-à-vis des enfants abandonnés que ne l'avaient fait les peuples civilisés de l'antiquité.

La loi des Germains défendait l'avortement. La loi des Francs punissait d'une amende l'abandon des enfants; et cette amende variait pour la quotité de la somme à payer selon que l'enfant était de condition libre ou esclave et selon qu'il était nubile ou non nubile.

Théodoric, roi des Visigoths, publia une loi encore plus sévère que celle des Francs : elle infligeait la peine de mort à tout auteur de tentatives pour faire avorter les femmes enceintes. En outre, quiconque était convaincu d'avoir exposé un enfant, de condition libre devenait esclave à sa place.

Cette même loi des Visigoths fixait jusqu'à l'âge de dix ans les soins à donner à l'enfant recueilli ; mais l'enfant qu'avait ainsi nourri la compassion d'un étranger conservait sa qualité de personne libre.

Telles sont les quelques lueurs que l'on voit briller au sujet des enfants dans les lointains horizons de notre civilisation. Ces lois si rares étaient plutôt préventives ; elles étaient loin encore d'être montées à la hauteur d'institutions de bienfaisance.

On était peu à peu arrivé à jeter les yeux sur la faiblesse de l'enfance ; mais on n'avait pas encore la charité de l'enfance.

On ne tuait pas l'enfant ; on le nourrissait même ; mais combien ce pauvre petit être était encore livré aux changements et aux velléités de la bienfaisance particulière !

La grande famille de l'État ou de l'hospice n'était pas encore ouverte ; et, pour peu que la famille adoptive de cet enfant s'en lassât, il redevenait livré à lui-même ; la vie qui lui avait été sauvée une première fois lui devenait une seconde fois bien aléatoire.

Quelques centaines d'années allaient se passer ainsi.

Puis le moyen âge s'ouvre avec de nombreuses

œuvres de bienfaisance ; on crée des asiles pour les pauvres, on secourt les malades, mais, par un étrange oubli, on ne songe pas, du moins dans les ordonnances et les lois, aux enfants abandonnés.

Cependant, vers la fin du xii° siècle, Guy de Montpellier, fils de Guillaume, seigneur de Montpellier et de Sibylle, bâtit dans cette ville un célèbre hôpital destiné à recevoir les malades indigents. En fondant cet hôpital, il établit un ordre d'hospitaliers connu sous le nom d'ordre du Saint-Esprit.

Ce fut le premier type de nos hôpitaux modernes. Il ne paraît pas qu'il reçut alors des enfants abandonnés. Mais cela allait bientôt venir, non pour lui encore, mais pour un établissement semblable. Voici comment :

Le pape Innocent III fut informé, à Rome, de la charité du comte Guy de Montpellier, de sa belle fondation et des vertus des hospitaliers, ses compagnons, qui étaient tous laïques de bonne volonté et qui plus tard devinrent les religieux du Saint-Esprit.

Cette charité des hospitaliers, qui les rendait alors fort célèbres, tenta le pape. Il voulut faire à Rome une fondation semblable.

En 1198, il fit bâtir un hospice considérable sur le modèle de celui de Montpellier et lui donna aussi le nom d'hospice du Saint-Esprit. Son but était d'y recevoir les malades et les pauvres de la Ville éternelle. D'enfants abandonnés, on n'en parlait pas encore.

Mais voici que, trois ans plus tard, Innocent III apprit que journellement des pêcheurs avec leurs filets retiraient du Tibre une certaine quantité d'enfants nouveau-nés qu'on avait jetés dans ce fleuve. Le pape s'émut. Alors, fixant les yeux sur son hospice du Saint-Esprit qu'il venait de construire, *il le destina principalement pour recevoir les enfants exposés et abandonnés par leurs parents*, et, à cette fin, il en augmenta beaucoup les bâtiments, les possessions, les revenus et les privilèges.

Cela avait lieu en 1204.

Innocent III fit mander le comte Guy de Montpellier avec six de ses hospitaliers pour venir à Rome prendre la direction de cet établissement.

Ainsi apparut dans le monde le premier hospice destiné à être le domicile et le refuge de l'enfance malheureuse et abandonnée. C'était le siècle où allait s'épanouir dans toute sa splendeur le grand style ogival qui éleva tant de monuments, chefs-d'œuvre de beauté. Auprès de la beauté de l'art, n'était-il pas naturel que grandît aussi la beauté du cœur ? Les deux s'enchaînent car toutes deux sont un progrès. C'était l'époque où toute la flore de la terre allait se ciseler si merveilleusement dans les chapiteaux, les portiques et les guirlandes d'ogives ; comment n'eût-elle pas été l'époque où l'on pensât à sauver tant d'enfants, ces autres fleurs de la vie qui s'étiolaient loin de toute pitié ? Le génie et le cœur ne doivent-ils pas marcher de pair ?

Cependant, le génie laissa une fois de plus le cœur bien loin derrière lui et, au sujet des enfants abandonnés, l'hospice de Rome resta encore de longues années solitaire en son genre. Saluons-le cependant comme l'ancêtre des centaines d'hospices dépositaires qui devaient plus tard dans notre pays recueillir tant de milliers d'enfants et devenir leur domicile légal.

Avant de le quitter, j'en veux dire encore un mot qui ne pourra qu'ajouter une note très intéressante sur cet établissement avec lequel les nôtres ont de nos jours tant de rapports. N'aime-t-on pas s'arrêter et contempler un peu la source qui a donné naissance à de grands fleuves, quand cette source est très belle ?

Or, deux siècles et demi après sa fondation, ce célèbre hôpital de Rome voyait ses bâtiments se dégrader peu à peu, malgré les riches donations que lui firent plusieurs papes, successeurs d'Innocent III. Alors Sixte IV le fit réparer et voici ce qu'en dit un auteur, Hélyot, dans une histoire de ce temps :

« L'an 1471, Sixte IV, voyant que les bâtiments de cet hôpital tombaient en ruines, le fit rebâtir avec la magnificence que l'on voit encore aujourd'hui. Il contient plusieurs corps de logis, avec une salle fort longue et élevée à proportion, capable de contenir 1 000 lits, et un grand corridor à côté de cette salle, qui en contient bien encore 200, lesquels sont en tout remplis en été. On est même souvent contraint d'en dresser d'autres dans les greniers de cet hôpital, qui sont au bas de Saint-Onuphre, outre une grande salle de traverse où l'on met les blessés. Les prêtres et les nobles sont dans des chambres particulières où il y a quatre lits dans chacune, et sont servis en vaisselle d'argent. Il y a encore d'autres chambres pour les frénétiques et pour ceux qui ont des maux contagieux.

« Dans un appartement qui est derrière l'hôpital, on y entretient un grand nombre de nourrices pour allaiter les enfants exposés, outre plus de deux mille de la ville et des villages circonvoisins, à qui on les donne à nourrir. Tout proche est l'appartement des garçons qu'on y met à l'âge de trois ou quatre ans, après qu'on les a retirés des nourrices. Ils sont toujours au nombre de cinq cents, et ils y demeurent jusqu'à ce qu'ils soient en état de gagner leur vie à quelque métier ou autre exercice qu'on leur apprend.

« Les filles, qui sont en pareil nombre, sont élevées dans un autre appartement fermé jusqu'à ce qu'elles soient en état d'être mariées ou religieuses, et, quand elles sont pourvues, elles reçoivent de l'hôpital cinquante écus romains de dot. Elles sont sous la direction de religieuses dont le monastère est renfermé dans cet hôpital.

« Enfin, il y a le palais du commandeur en chef, qui est très beau, entre lequel et cet hôpital il y a un grand cloître où logent les médecins, les chirurgiens et les serviteurs qui sont toujours plus de cent. C'est toujours un prélat distingué qui remplit cette charge de commandeur, qui est présentement à la nomination du pape.

« La dépense, tant pour les enfants que pour les malades, monte par année, l'une portant l'autre, à près de 500 livres, et le revenu serait une fois plus considérable sans la fainéantise des Italiens qui laissent la plupart des terres sans être cultivées, principalement dans les campagnes de Rome où cet hôpital est seigneur de plusieurs bourgs et villages, comme La Tolfa, San-Severo, Polidoro, Castel-

Guido et plusieurs autres, sur le chemin de Civita-Vecchia.

« Au dehors de cet hôpital, il y a un Tour, avec un petit matelas dedans, pour recevoir les enfants exposés. On peut hardiment les mettre en plein jour, car il est défendu, sous de très graves peines, et même de punition corporelle, de s'informer qui sont ceux qui les apportent, ni de les suivre. »

En terminant cette citation pleine d'intérêt, remarquons-en la dernière phrase : on y voit apparaître pour la première fois dans l'histoire le Tour qui, si vanté par les uns et si décrié par les autres, était destiné dans notre siècle à devenir l'objet d'ardentes polémiques, jusqu'à ce qu'il en vînt à disparaître peu à peu, remplacé par une administration plus éclairée. Du reste, nous en reparlerons plus en détail au moment voulu. L'important est de le citer ici pour en relever son antiquité.

Cependant, tandis que florissait ainsi à Rome l'assistance de l'enfance, notre pays ne faisait rien pour elle.

Ce ne fut que cent cinquante ans après la fondation de ce célèbre hospice du Saint-Esprit que la France se décida enfin à créer un établissement semblable, car celui de Montpellier, dont nous avons parlé, ne recevait pas les enfants abandonnés. Voici en quelles circonstances fut faite à Paris cette création :

« Il se trouva, dit l'auteur Jacques du Breuil dans son *Histoire des antiquités de Paris*, qu'en les années 1360, 1361 et 1362, à cause des guerres qui étaient en France, le peuple fut réduit en grande nécessité et misère ; si que grand nombre d'enfants orphelins de père et de mère demeuraient à Paris, gissans en rue sans aucune retraite. De quoi émues plusieurs bonnes personnes retirèrent en divers endroits quantité d'iceux, car l'Hôtel-Dieu n'avait pas moyen de les recevoir.

« En considérant que les particuliers ne pourraient longuement porter cette charge, plusieurs notables personnes, le 7 février 1362, allèrent vers messire Jean de Meulant, évêque 88e de Paris, auquel firent entendre la nécessité et misère de ces pauvres enfants qui périssaient de famine et de froidure, plusieurs d'eux gastés de mal de galle et teigne, dont ils mouraient misérablement, et les pauvres filles violées de nuit. Ce qui causerait de grands malheurs à la ville, s'il n'y était pourvu.

« Pour à quoi obvier, ledit sieur évêque leur donna permission d'instituer et ériger une association aux fins de bâtir un hôpital qu'ils nommèrent l'hôpital du Saint-Esprit. »

Au mois de mars suivant, des lettres patentes du roi confirmaient l'ordonnance de l'évêque de Paris pour secourir les pauvres enfants de la capitale.

Cela se passait au milieu du xive siècle sous le règne du roi Jean II. Puis le silence se fait autour de cette création durant près de cent ans.

Ensuite, au milieu du xve siècle, au mois d'août 1445, interviennent de nouvelles lettres patentes confirmant la fondation de l'hospice du Saint-Esprit, mais le destinant à ne recevoir que les enfants orphelins, procréés en légitime mariage.

C'étaient donc les enfants légitimes qui seuls à

cette époque excitaient la commisération publique. Cela valait mieux que rien, car ces enfants étaient assurément bien intéressants. Mais, comme on le voit, la bienfaisance légale ne parvenait pas à s'étendre à tous; et les enfants les plus malheureux, les tristes et innocents fruits de l'inconduite ou de la misère, ceux qui n'avaient pas de famille, étaient laissés de côté.

On restait encore dans une certaine et incompréhensible étroitesse de vue et de cœur, étroitesse n'étant appelée à disparaître que devant la tendresse immense du Génie de la charité qui devait être Vincent de Paul.

Mais il fallait pour cela encore attendre deux siècles.

CHAPITRE III

DU XVII° SIÈCLE A LA RÉVOLUTION

Triste état des enfants abandonnés dans la première moitié du
xviie siècle. — Saint Vincent de Paul apparaît. — Fondation de
l'hospice des Enfants trouvés. — Lettres patentes de Louis XIII.
— Édit de Louis XIV en 1670. — L'hospice des Enfants trouvés
devient officiellement hôpital du royaume. — Deux documents
qui forment une véritable histoire sur l'état des enfants abandonnés au xviiie siècle.

Après deux cents ans de silence sur la marche
bien lente de l'œuvre de l'enfance vers un progrès
qui semble ne plus se faire sentir, on arrive enfin au
milieu du xviie siècle.

Le sort des enfants abandonnés était alors bien
misérable. La vie de ces malheureux était inhumai-
nement sacrifiée par des expositions si barbares que
les documents de cette époque déclarent sans dé-
tour que « de ces enfants il serait presque impossible d'en trouver un bien petit nombre qui ait été
garanti de la mort ».

« En ce temps-là, disent en effet les historiens,
on voyait un déplorable effet de la détresse des
familles et de la dépravation des mœurs; on exposait, dans les places publiques et à val les rues de
la capitale, les enfants abandonnés en naissant; on
les vendait pour une pièce de vingt sous; les pauvres surtout les achetaient à vil prix, comme des
instruments de pitié pour exciter la commisération
publique. On en portait beaucoup à Notre-Dame, et
il était permis, à ceux qui les voulaient, de les

prendre, ce qui donnait lieu à de grands abus ; des gueux les prenaient et les estropiaient, leur rompaient un bras ou une jambe pour exciter davantage la compassion ; quelquefois même on les dépeçait pour faire servir leurs entrailles aux opérations de la magie. »

Pour remédier dans la mesure du possible à un tel état de choses, il fallait un homme qui sortît de l'ordinaire par l'élévation de ses vues et la générosité de son cœur.

Cet homme parut. Ce fut Vincent de Paul.

Il fut l'étoile de la bienfaisance, au-dessus du grand siècle qui devait être si étoilé aussi par tant de génies dans les arts, la littérature et la guerre.

Ému de compassion, Vincent allait lui-même recueillir dans ses bras les pauvres enfants qui gisaient abandonnés aux coins des rues de Paris.

« Un jour, au retour d'une de ses missions, dit encore un historien, Vincent de Paul trouva, sous les murs de Paris, un de ces enfants entre les mains d'un mendiant occupé à déformer ses membres. Saisi d'horreur, il accourut : — Eh ! barbare, s'écriat-il, vous m'avez trompé, je vous avais pris de loin pour un homme !..... — Il lui arracha sa victime, l'emporta dans ses bras, traversa Paris en invoquant la commisération publique, assembla la foule autour de lui, raconta ce qu'il venait de voir, appela la religion au secours de la nature, et, entouré de ce peuple frémissant qui le suivait sans pénétrer son projet, il se rendit dans la rue Saint-Landry, où l'on entassait ces malheureuses victimes. Là, ce père des orphelins donna l'exemple ; il en ramassa douze qu'il mit à part, et les bénit en déclarant qu'il se chargeait de les nourrir ; et ce fut là sa première allocution en faveur de ces infortunés. »

Pour les vêtir et les nourrir, il fit entendre sa voix éloquente dans les églises, dans les assemblées, dans les maisons des riches, partout. Ses démarches étaient incessantes ; il finit enfin, après un immense labeur, par réunir les fonds nécessaires : alors il érigea l'Hospice des Enfants trouvés.

Les Enfants trouvés ! C'est ainsi qu'ils allaient être dénommés durant près de deux siècles, car aujourd'hui tous les enfants de nos hospices ont une appellation plus générale et plus en harmonie avec leur sort : ils sont devenus les enfants assistés.

Dans cette grande œuvre de bienfaisance, Vincent de Paul se fit aider, pour la direction et la tenue de son hôpital, par la nièce du garde des sceaux de Marillac et plusieurs autres femmes de distinction qui secondèrent ses efforts avec un rare dévouement.

Cependant les difficultés pécuniaires allaient toujours en s'accroissant ; les ressources de sa fondation ne dépassaient pas 1 400 livres de rente. Vincent finit par obtenir 12 000 livres d'Anne d'Autriche. Mais la dépense annuelle s'éleva bientôt à 40 000 livres.

Enfin, Vincent arriva à ce moment d'angoisse que presque tous les génies, quels qu'ils soient, ont connu au moins une fois dans leur vie : la détresse. Tous les secours devinrent insuffisants et la charité publique reculait devant l'énormité des sacrifices que lui imposait l'éducation des enfants abandonnés,

L'heure critique de ces malheureux était venue. Alors, en 1640, une suprême assemblée générale des Dames de l'œuvre fut convoquée.

On allait décider si l'on abandonnerait ou non l'institution des Enfants trouvés.

Vincent de Paul peignit, avec des accents que l'on ne trouve que dans l'éloquence du cœur, le sort misérable des nouveau-nés que leurs mères avaient délaissés. Tout le monde connaît ces magnifiques paroles : « Or sus, Mesdames, la compassion et la charité vous ont fait adopter ces petites créatures pour vos enfants; vous avez été leurs mères selon le cœur, depuis que leurs mères selon la nature les ont abandonnées ; voyez maintenant si vous voulez aussi les abandonner. Cessez d'être leurs mères pour devenir à présent leurs juges. Leur vie et leur mort sont aujourd'hui entre vos mains ; il est temps de prononcer leur arrêt et de savoir si vous ne voulez plus avoir de miséricorde pour eux. Ils vivront si vous continuez d'en prendre un soin charitable; et, au contraire, ils mourront et périront infailliblement si vous les abandonnez. »

Ces paroles éloquentes électrisent l'assemblée ; des larmes coulent de tous les yeux, et de tous les cœurs des nobles dames part le cri qu'il faut sauver les enfants à quelque prix que ce soit. Elles se dépouillent de leurs parures d'or et de diamants. Le premier hospice des Enfants trouvés de France était sauvé.

Vincent de Paul avait enraciné sa belle plante qui ne devait plus être arrachée et qui, au contraire, allait maintenant croître peu à peu et devenir, en deux cents ans, l'arbre gigantesque qui abrite, à notre époque actuelle, les milliers d'enfants assistés recueillis par l'œuvre grandiose de l'Assistance et dont le domicile légal est réparti entre tous les hospices dépositaires que soutiennent l'État et les départements de notre pays.

Après cette assemblée décisive de 1640, Vincent de Paul continua son œuvre avec la même générosité. Il mettait dans ses démarches beaucoup d'esprit de suite et autant d'ardeur que de circonspection. Ce fut cette délicate circonspection qui le fit réussir et éveilla enfin la sollicitude du gouvernement.

En effet, dès l'année 1642, le roi Louis XIII, par lettres patentes du mois de juillet, fait don au profit de l'hôpital des Enfants trouvés de Paris, à titre de fief et aumône, d'une somme de 4000 livres à prendre sur les revenus de la ferme de Gonesse.

Deux ans après, en 1644, nouvelles lettres patentes du roi faisant don à l'hôpital des Enfants trouvés d'une somme de 8000 livres à prendre annuellement sur le revenu des cinq grosses fermes, « pour être employées à la nourriture et éducation desdits Enfants trouvés, sans pouvoir être diverties ni employées ailleurs, lesquelles 8000 livres seront reçues par la trésorière de la charité desdits Enfants trouvés. »

Comme on le voit, chacun y mettait du sien. Cependant ce ne fut que dix ans après la mort de saint Vincent de Paul, que la célèbre maison qu'il avait fondée fut reconnue officiellement Hôpital du royaume, par le fameux édit de Louis XIV rendu en 1670.

Voici quelques phrases de cet édit : « Comme il n'y a pas de devoir plus naturel que d'avoir soin des pauvres enfants exposés' que leur faiblesse et leur infortune rendent également dignes de compassion et qui ont tant excité la charité du feu sieur Vincent ; et considérant combien leur conservation était avantageuse, puisque les uns pouvaient devenir soldats et servir dans nos troupes, les autres ouvriers ou habitants des colonies que nous établissons pour le bien du commerce de notre royaume..... ; considérant aussi que l'établissement de cette maison n'a point encore été spécialement autorisé par nos lettres patentes, quoique nous l'ayons approuvé par les dons que nous y avons faits, étant bien aise de maintenir et confirmer un si bon œuvre et de l'établir le plus solidement qu'il nous sera possible.....

« A ces causes, nous avons, par ces présentes signées de notre main, dit, déclaré, statué et ordonné, disons, déclarons, statuons et ordonnons l'hôpital des Enfants trouvés l'un des hôpitaux de notre bonne ville de Paris : voulons qu'en cette qualité il puisse agir, contracter, vendre, aliéner, acheter, acquérir et généralement faire tous autres actes dont les hôpitaux de notre dite ville de Paris sont capables..... »

Ainsi donc l'hôpital, où les malheureux enfants étaient dorénavant admis sans distinction, se trouvait définitivement et régulièrement créé. On rédigea, pour l'intérêt de son service, des règlements dont les principaux sont ainsi résumés par M. de Watteville :

« Les administrateurs devaient visiter toutes les semaines les registres sur lesquels étaient inscrits les noms des enfants admis dans l'hôpital, et en parafer les feuilles, examiner tous les mois les recettes et les dépenses. Les dames de charité devaient visiter les enfants le plus souvent possible ; veiller à ce que les sœurs de charité les servissent bien et en prissent tous les soins convenables ; avoir soin que les sœurs visitassent souvent les enfants mis en nourrice hors l'hôpital, faire les marchés, acheter les toiles et tout ce qui concerne les habillements des enfants avec l'argent que les administrateurs devaient leur remettre à cet effet.

« Les dames de charité qui avaient des terres furent suppliées de visiter les nourrissons qui se trouvaient dans leur voisinage.

« Une maison de convalescents fut affectée au service des Enfants trouvés.

« Des récompenses étaient offertes aux nourrices, afin de les attirer, et surtout de les *attacher* aux enfants. Cette sage disposition a été conservée dans nos lois.

« Par cette fondation fut complété l'ensemble d'un code qui, s'il ne fut pas le meilleur possible, était peut-être alors le seul possible. »

Le premier grand pas administratif était donc fait ; on ne se désintéressera plus désormais du sort des enfants abandonnés. Ceux-ci entraient de plein droit dans notre administration nationale et dans la sollicitude du pays. Ce grand pas allait bientôt s'accélérer ; la Révolution le suivra en l'agrandissant de ses rêves ; la loi de 1811 le perfectionnera, et nos dispositions actuelles y ajouteront enfin leurs bienfaits immenses et éclairés.

Mais, auparavant, les enfants eurent encore bien des vicissitudes à traverser.

Un service, qui a mis des siècles à éclore, ne peut arriver du premier coup à la perfection ; et les tâtonnements se prolongent durant de longues années.

A l'instar de celui de Paris, beaucoup d'hôpitaux des provinces de France, surtout l'hôpital de Lyon, se décidèrent peu à peu à recevoir les enfants trouvés ; ils eurent chacun leurs règlements particuliers qui variaient suivant les ressources de chacun d'eux.

Durant tout le xviiⁱ siècle, jusqu'en 1790, cette situation avance lentement. Après le premier et grand essor de 1670, l'histoire des Enfants trouvés reste pendant près de cent ans un peu stationnaire ; le nombre des enfants recueillis s'accroît, mais chaque hospice travaille silencieusement, chacun dans sa sphère, à assurer leur sort selon ses moyens et ceux de la charité locale.

Deux événements principaux, durant tout ce temps, viennent jeter leur incident et nous donner une lumière singulièrement intéressante sur la marche de ce service à cette époque : ce sont d'abord les plaintes des administrateurs de l'hôpital des Enfants trouvés de Paris au sujet des dépenses croissantes de l'établissement et de leurs causes ; c'est, en second lieu, l'arrêt du Conseil d'Etat du roi défendant à tous les messagers et rouliers de transporter au loin les jeunes nouveau-nés délaissés.

Je vais citer ici ces deux documents ; ils sont la véritable et seule page d'histoire qui puisse nous éclairer et nous montrer lumineusement quelle était, la situation des enfants abandonnés, sur le déclin du xviiiᵉ siècle.

Le premier de ces documents peut servir de statistique, pour ainsi dire, et il nous fait voir en chiffres éloquents combien devenait croissante la progression des abandons depuis la fondation de la grande œuvre de l'Enfance.

L'hôpital des Enfants trouvés de Paris restait l'idéal du genre, et de tous les côtés du pays les enfants affluaient vers lui. Cela devint un tel abus que les administrateurs s'en plaignirent ainsi dans leur rapport du 14 décembre 1772 :

« M. d'Outremont a exposé que M. Josson et lui, ayant été chargés par le bureau de rechercher les causes de la multiplication prodigieuse des enfants dont l'hôpital des Enfants trouvés est surchargé, et les moyens qu'on pourrait employer pour soulager cet établissement d'un excès de dépense qu'il ne peut absolument supporter, ils ont reconnu que l'envoi qui se fait à Paris des enfants qui y affluent des provinces les plus éloignées, est un abus, on peut dire même un désordre, auquel il est indispensable de remédier incessamment.

« Qu'il n'est pas douteux que l'hôpital des Enfants trouvés n'a été fondé que pour cette capitale. L'édit de son établissement, qui est du mois de juin 1670, en contient la preuve, puisque la dotation qui lui fut accordée consistait dans une taxe qui ne fut imposée que sur les seigneurs des hautes justices de la ville de Paris, et qui, depuis leur réunion au Châtelet, est acquittée par le domaine.

« Qu'aussi, dans les premiers temps qui suivirent

cet établissement, le nombre des enfants présentés et reçus chaque année n'était pas considérable. En 1670, il ne fut que de 312; en 1680, il monta à 890, et, à la fin du dernier siècle, il n'excédait pas 1 600.

« Qu'il s'est ensuite successivement accru, mais par un progrès qui, dans les dernières années, a été beaucoup plus rapide que dans les précédentes.

« Qu'en 1740, le nombre était de 3 150; en 1750, il n'était augmenté que jusqu'à 3 739; mais, en 1760, il a été de 5 032; en 1770 de 6 918, et, à juger de la présente année par ce qui a été amené d'enfants jusqu'à ce jour, il pourra monter jusqu'à 8 000.

« Que la cause principale d'une multiplication si excessive, c'est qu'on amène chaque jour à Paris des enfants trouvés des provinces, et même des plus éloignées, ainsi qu'on en peut juger par un relevé de ce qui en a été envoyé mois par mois, pendant la présente année, jusqu'au 1er novembre dernier.

« Que le nombre de ces enfants arrivés de province monte à 2 350 pour dix mois seulement; et comme, dans le même espace de temps, la totalité des enfants présentés est de 6 459, il en résulte qu'il y en a plus d'un tiers qui viennent des provinces.

« Qu'il ne s'est donc jamais présenté de question plus intéressante pour l'administration que celle de savoir si on continuera à recevoir ces enfants pour lesquels la fondation n'est pas faite, ou si on prendra des mesures pour qu'il n'en soit plus envoyé.

« Que deux motifs également impérieux paraissent ne laisser subsister aucun doute sur ce point : d'un côté, l'impossibilité absolue où est l'hôpital des Enfants trouvés de subvenir à un tel surcroît de charge;

d'un autre, la conservation de l'état et de la vie même des enfants.

« Que, quant au défaut de faculté, on ne doit pas être surpris qu'un hôpital qui n'a été fondé que pour recevoir les enfants exposés à Paris n'ait ni les revenus ni les emplacements nécessaires pour contenir et élever ceux d'un grand nombre de provinces.

« Qu'en effet, il existe à présent 10 634 enfants à la charge de l'hôpital des Enfants trouvés, savoir : 8 255 en nourrice ou en sevrage, 1 656 placés en pension dans les campagnes, et 723 dans les deux maisons, près Notre-Dame et au faubourg Saint-Antoine (indépendamment de tous ceux qui, eu égard à leur âge plus avancé, sont envoyés à la Pitié et à la Salpêtrière).

« Que, pour subvenir à de si grandes charges, l'hôpital des Enfants trouvés n'a en revenus qu'environ moitié de ce qui est nécessaire pour sa dépense.

« Que si les revenus de l'hôpital des Enfants trouvés sont insuffisants pour une telle multitude, ses emplacements ne le sont pas moins.

« Mais que tous ces inconvénients sont encore peu sensibles, en comparaison de ceux que l'extraction d'un si grand nombre d'enfants des provinces entraîne pour leur état et même pour leur vie.

« Que ces enfants sont envoyés des généralités les plus éloignées, telles que d'Auvergne, de Bretagne, de Flandre, de Lorraine, d'Alsace, etc., non seulement par les pères et mères qui les abandonnent, mais par les hauts justiciers qui seraient tenus de les élever, et par quelques hôpitaux même de ces provinces; qu'on en charge des commissionnaires qui ne sont autorisés par aucuns juges et qui la plupart ne savent pas lire; en sorte que, ou ils n'ont point d'extraits baptistaires, ou ceux qu'ils rapportent ne s'accordent ni avec l'âge ni avec le sexe de l'enfant; que, pendant ces longues routes qu'on leur fait faire dans des paniers ou dans des voitures ouvertes à toutes les injures de l'air, ils n'ont point de nourrices qui les allaitent, et ce n'est souvent qu'avec du vin qu'on les nourrit; que cette barbarie en fait périr un grand nombre dans le chemin, et que les autres, épuisés par les fatigues du voyage, n'arrivent que languissants, et nous avons la douleur de voir qu'ils meurent en beaucoup plus grand nombre que ceux qui sont de Paris; en sorte qu'outre la surcharge des hôpitaux de Paris et le dépeuplement des provinces que ce désordre entraîne, l'ordre public et l'humanité en souffrent également.

« Sur quoi, la matière mise en délibération, il a été arrêté qu'il sera incessamment écrit à MM. les secrétaires d'État et à M. le Contrôleur général des finances, pour les inviter à donner des ordres, chacun dans les généralités de leurs départements, afin que, passé le 1er avril 1773, il ne soit plus envoyé à Paris, sous aucun prétexte, aucuns enfants trouvés desdites généralités, sous telles peines qu'il plaira à Sa Majesté de prononcer contre les messagers, rouliers, voituriers et conducteurs de coches, tant par eau que par terre, avec injonction aux officiers des maréchaussées d'arrêter les personnes qui s'en seraient ainsi chargées, et de conduire lesdits enfants dans les hôpitaux les plus prochains qui seront tenus de les recevoir. »

Ce document nous montre d'une manière intéressante que le nombre des enfants abandonnés augmentait d'année en année; il nous montre qu'alors, comme aujourd'hui, on plaçait ces enfants en nourrice à la campagne moyennant salaire; il nous montre aussi que la misère publique semblait croître à mesure que croissaient les œuvres de charité. Et, à cette dernière observation, le cœur se serre en songeant qu'un trop grand nombre de malheureux ou de parents indignes exploitaient et exploiteront toujours la charité publique, malgré toutes les précautions des lois et des règlements. On ne pourra jamais complètement remédier à ce mal de peur de faire supporter à la véritable misère les peines que l'on voudrait diriger contre la fausse. Il faut élargir ses vues et songer que si d'énormes dépenses sont faites pour des indignes, on atteint cependant un grand but, celui de sauver l'enfant, ce pauvre être qui bien innocemment est la cause si souvent d'une honteuse exploitation.

Le document suivant complétera le premier en nous répétant, sous d'autres termes aussi éloquents, les abus et l'exploitation dont nous venons de parler.

En 1779, le Conseil d'État du roi rendait cet arrêt, en réponse aux plaintes des administrateurs de l'hospice des Enfants trouvés de Paris:

Dans le compte que l'on a rendu au roi au sujet des maisons de charité, Sa Majesté a fixé ses premiers regards sur l'état de ces enfants abandonnés qui n'ont d'autre appui que sa protection ; elle n'a pu apprendre sans douleur que, dans un des objets les plus intéressants de l'administration publique, il s'était introduit un abus contraire à tous les principes de l'humanité, et qu'elle ne pouvait trop promptement réprimer.

Sa Majesté est informée qu'il vient tous les ans à la maison des Enfants trouvés de Paris plus de deux mille enfants nés dans des provinces très éloignées de la capitale ; ces enfants, que les soins paternels pourraient à peine défendre contre les dangers d'un âge si tendre, sont remis sans précautions, et dans toutes les saisons, à des voituriers publics, distraits par d'autres intérêts et obligés d'être longtemps en route ; de manière que ces malheureuses victimes de l'insensibilité de leurs parents souffrent tellement d'un pareil transport que près des neuf dixièmes périssent avant l'âge de trois mois.

Sa Majesté a regretté sensiblement de n'avoir pas été plus tôt instruite de ces tristes circonstances, et, pressée d'y remédier, elle veut qu'à compter du 1er octobre prochain, il soit défendu à tous voituriers, ou à toute autre personne, de transporter aucun enfant abandonné ailleurs qu'à l'hôpital le plus prochain ou à tel autre de la généralité, désigné particulièrement pour ce genre de secours ; et, si cette disposition, que les devoirs de l'humanité rendent indispensable, obligeait quelque maison de charité de province à une augmentation de dépense qui surpassât ses revenus, Sa Majesté y pourvoiera, la première année, de son trésor royal et se fera rendre compte, dans l'intervalle, des moyens qui pourraient y suppléer d'une manière constante et certaine.

Sa Majesté, après avoir ainsi remédié à un mal si pressant, n'a pu s'empêcher de jeter un coup d'œil plus général sur cette partie essentielle de l'ordre public. Elle a remarqué avec peine que le nombre des enfants exposés augmentait tous les jours, et que la plupart provenaient aujourd'hui de nœuds légitimes, de manière que les asiles institués, dans l'origine, pour prévenir les crimes auxquels la crainte de la honte pouvait induire une mère égarée, devenaient par degrés des dépôts favorables à l'indifférence criminelle des parents ; que par un tel abus cependant la charge de l'État s'accroissait, et de telle sorte que, dans les grandes villes, l'entretien de cette multitude d'enfants n'avait plus de proportion, ni avec les fonds destinés à ces établissements, ni avec la mesure de soins et d'attention dont une administration publique est susceptible ; qu'enfin il résultait encore d'un pareil désordre qu'en même temps que les enfants perdaient cette protection paternelle qui ne peut jamais être remplacée, les mères de ces enfants, renonçant pour la plupart aux moyens de nourrir que la nature leur a confiés, il devenait de plus en plus difficile d'y suppléer et de pourvoir à la première subsistance de cette quantité d'enfants livrés aux soins des hôpitaux.

Les dangereuses conséquences d'un pareil abus n'ont pu échapper à l'attention de Sa Majesté. Elle examinera, dans sa sagesse, quelles seraient les précautions nécessaires pour mettre un frein à cette dépravation : et voulant néanmoins éviter, s'il est possible, d'avoir à déployer, à cet égard, la sévérité des lois, elle a jugé à propos de commencer par enjoindre aux curés, à leurs vicaires et à tous ceux qui ont droit d'exhortation sur les peuples, de redoubler de zèle pour opposer à ce pernicieux dérèglement les préceptes de la religion et les secours de la charité, afin de parvenir, autant qu'il est en eux, à détourner de ces crimes cachés auxquels les lois ne peuvent atteindre que par des recherches rigoureuses, mais qui deviendraient cependant indispensables, si les efforts des ministres de la religion et tous les moyens de bonté que Sa Majesté emploie n'arrêtaient point les progrès d'un si grand désordre. A quoi voulant pourvoir, le Roi, étant en son Conseil, a ordonné et ordonne ce qui suit :

Article premier. — A commencer du 1ᵉʳ octobre prochain, Sa Majesté fait très expresses inhibitions et défenses à tous voituriers, messagers et autres personnes de se charger d'enfants qui viennent de naître, ou autres abandonnés, si ce n'est pour être remis à des nourrices, ou pour être portés à l'hôpital d'enfants trouvés le plus voisin, à peine de mille livres d'amende. Ordonne Sa Majesté aux officiers et cavaliers de maréchaussée de tenir la main à l'exécution du présent arrêt.

Ces faits se passaient quelques années avant la Révolution ; et l'arrêt royal que nous venons de citer fait honneur aux vues généreuses de Louis XVI, ce prince dont la bonne volonté, au sujet des réformes à faire, allait bientôt être submergée sous l'océan de bien autres abus dont le flot, parti déjà des horizons d'une époque lointaine, commençait à se gonfler d'une manière inquiétante ; et, poussé par le vent des mécontentements populaires, montait toujours, ne devant plus tarder à engloutir le roi et la royauté.

C'est donc par la citation de ces deux derniers documents, qui montrent de la manière la plus historique l'état de l'enfance misérable à cette époque, que nous pouvons clore l'histoire des enfants abandonnés sous les siècles antérieurs à notre régime actuel.

On voit que, depuis la fin du xvii⁰ siècle, on avait beaucoup fait en faveur de l'enfance malheureuse.

A mesure que les années avanceront, on fera plus encore.

Avant la Révolution, ce n'étaient pour ainsi dire que le roi et les seigneurs hauts justiciers qui, aidés par les œuvres particulières de charité, se trouvaient être les seuls protecteurs de l'enfant délaissé. Nous avons vu comment ils accomplirent cette mission. Le temps allait venir où ce serait la nation tout entière qui deviendrait la protectrice de l'enfance sous l'impulsion d'un gouvernement qui ne ménagerait plus les millions pour parfaire cette grande œuvre.

La première période avait eu lieu au xiv⁰ siècle, mais combien insuffisante encore ! C'était l'embryon. La seconde période, plus large et plus belle, avait été accomplie par Vincent de Paul. La troisième, et la plus grandiose, devait commencer vers la fin du xviii⁰ siècle et s'accomplir définitivement au xix⁰ siècle durant lequel le service de l'enfance allait prendre des proportions inconnues jusque-là.

CHAPITRE IV

LES ENFANTS SOUS LA RÉVOLUTION

L'Assemblée nationale charge le duc de Liancourt, député de Clermont, de préparer un plan de travail au sujet de l'enfance. — Ce document. — La Convention. — Loi du 28 juin 1793. — Extrait d'un compte rendu du ministre de l'Intérieur J. M. Roland. — Les enfants naturels de la Patrie.

A l'époque où nous sommes parvenus, c'est-à-dire en 1790, le nombre des enfants trouvés s'élevait dans toute la France à 40 000.

Une ère nouvelle se prépare pour ces enfants. Les législateurs, qui vont se succéder avec une rapidité vertigineuse, auront tous à cœur de faire quelque chose pour le bien de ces infortunés.

Au milieu des tourmentes de la Révolution, parmi les flots de sang qui allaient couler, comme si rien de grand ne pouvait être fondé dans une nation sans être cimenté par le sang, nous verrons cependant que les enfants trouvèrent grâce ; ce sont eux qui firent l'objet des lois les plus bienfaisantes de cette époque ; ce sont eux sur lesquels, au milieu des fureurs de la tempête, allaient se reposer parfois et s'adoucir, comme dans un sourire, les yeux des plus farouches.

Dès le début de la Révolution, l'Assemblée nationale s'occupa de cette grande question de l'enfance. Elle chargea le député de Clermont, duc de Liancourt, de préparer un plan de travail à ce sujet. Le duc de Liancourt fit ce travail : il y critiquait l'élevage des enfants dans les hospices et proposait l'adoption des enfants trouvés par des particuliers. Ce document est intéressant; nous allons le citer presque en entier afin que l'on puisse juger des efforts humanitaires qui peuvent être faits pour le bien, quoique ces efforts restent souvent stériles. Voici donc comment s'exprima le député de Clermont :

« L'assistance à donner aux enfants auxquels les secours publics sont nécessaires est sans doute un des impérieux devoirs de l'État ; c'est aussi celui dont il peut se promettre plus d'avantages. Leur conservation est un moyen assuré de richesses dans un empire qui peut offrir avec abondance du travail à tous les bras qui veulent s'occuper.

« La classe la plus nombreuse d'enfants qui réclament l'assistance publique est la classe de ceux dont l'origine est ignorée et qui ont été abandonnés par les auteurs de leurs jours. Le gouvernement avait, depuis peu d'années, ordonné quelque changement avantageux pour leur existence ; la mortalité a dû diminuer par ce nouvel ordre de choses; mais cette mortalité est bien considérable encore. Presque tous les enfants qui en échappent, placés dans les hôpitaux, ne peuvent jamais devenir des hommes ; leurs facultés physiques et morales, contrariées ou étouffées sans cesse, ne se développent qu'imparfaitement; étrangers à toute idée de devoirs, les sentiments d'affection, de tendresse, par lesquels s'ouvrent les cœurs des enfants, ne peuvent être connus d'eux. Élevés dans l'oisiveté, il en contractent l'habitude et le goût, ils vivent dans la fainéantise, et l'État fait ainsi des dépenses énormes pour faire de ces enfants des sujets inutiles, misérables et par conséquent dangereux. Ceux qu'un peu de bonheur ou d'énergie naturelle fait sortir de cette ligne ordinaire, et jette dans la société avec quelques talents, ou qui, élevés à la campagne, apportent un peu plus d'habitude du travail, trouvent dans le préjugé qui flétrit leur naissance des obstacles qu'une force et une vertu peu communes peuvent seules surmonter. Sans aucun lien naturel, sans appui, sans conseils qui les préservent des écueils d'autant plus dangereux pour leur jeunesse qu'ils ont passé leur enfance dans une continuelle captivité, ils sont, par leur éducation même, destinés à être malheureux. Aussi, dans la multitude infinie d'enfants de cette espèce, combien peu y en a-t-il dont l'existence ne soit pas à charge à la société et à eux-mêmes ? Errants, vagabonds, mendiants presque par nécessité, combien d'entre eux, après avoir peuplé les prisons, ne finissent pas honteusement et misérablement ? Voilà les vices que la législation nouvelle doit soigneusement éviter, qu'elle doit s'efforcer même de rendre impossibles.

« L'objet de l'assistance des enfants abandonnés est, sans doute, pour une constitution sage, la conservation de leurs jours, de leur santé ; mais elle doit plus particulièrement encore s'occuper d'en faire des sujets utiles à l'État, d'assurer leur bonheur en leur préparant des vertus, en les rendant dignes de la confiance de leurs concitoyens.

« La législation, qui répand des secours sur cette classe d'enfants, doit encore avoir pour objet de diminuer le nombre des mères qui, renonçant aux sentiments les plus doux, les plus puissants de la nature, abandonnent leurs enfants, et privent ainsi à jamais du bonheur de connaître leurs parents les malheureux auxquels elles ont donné le jour.

« Cette considération est de la plus grande importance ; l'assistance publique qui favoriserait le désordre ne serait plus une bienfaisance, et il n'en est pas de plus malheureux pour la société que l'abandon des enfants.

« Le nombre des enfants abandonnés est dans un État en raison de la misère et des mauvaises mœurs ; c'est donc en attaquant ces deux causes que l'on peut espérer d'agir efficacement sur le désordre qui en est l'effet ; elles le seront successivement par la constitution.

« Mais, en attendant, la législation bienfaisante doit des secours complets aux infortunés dont le malheur les réclame. Nous avons cru qu'ayant pour objet unique de faire de ces enfants des citoyens utiles et heureux, ses principales conditions étaient de pourvoir à leur existence physique et au développement de leur force, d'assurer leur existence civile, de remplacer autant qu'il se pourrait par la surveillance la plus suivie, par la tutelle la plus éclairée et la plus vigilante, tous les soins paternels qui leur étaient refusés par la nature. Nous avons cru que ces lois devaient suivre ces enfants dès les premiers temps de leur jeunesse, les faire participer aux bienfaits de l'instruction publique que sans doute votre sagesse rendra complète, les fortifier contre les vices par la connaissace de leurs devoirs et l'amour du travail, les tirer ainsi, avec la nécessité, de la classe des mendiants où le régime des hôpitaux les précipitait.

« Telles sont les principales vues que nous avons cherché à remplir dans le projet de décret que nous vous soumettons pour l'assistance des enfants abandonnés.

« Mais nous avons pensé que vous pouviez faire et que vous ferez pour eux plus encore... »

Ici, le duc de Liancourt propose longuement un projet d'adoption des enfants abandonnés par des particuliers, afin de rendre à ces enfants l'espoir d'une nouvelle famille remplaçant celle qu'ils n'ont plus. Puis suit le projet de décret.

Ce plan respire sans doute un grand amour de l'humanité, mais il ne devait être en partie qu'une utopie. En effet, les difficultés presque insurmontables qu'il présentait dans l'exécution effrayèrent l'Assemblée nationale qui ne lui donna aucune suite. Cependant il était bon de le citer, car, s'il ne fut qu'un rêve, ce rêve a laissé cependant quelques traces de réalité en inspirant plusieurs lois qui ont été rendues depuis. Tant il est vrai qu'il reste toujours quelque chose de ce qui est bon. Or, parmi le bon qui est resté de ce travail nous pouvons reconnaître les prescriptions des règlements actuels de ne jamais laisser que les enfants malades dans les hospices dépositaires; les autres n'y doivent pas séjourner et l'on doit les envoyer aussi promptement que possible dans le plein air de la campagne et la pleine activité du travail.

Après cet essai, les Assemblées restèrent près de deux ans sans s'occuper des enfants. C'est ainsi que l'on arriva à l'année 1793. Cette année fut une des plus fertiles en décrets et en lois de la part de la Convention nationale sur le bien-être à apporter au sort de l'enfance.

Ces ogres grandioses de la Convention qui allaient, pour défendre leurs principes, boire tant de sang et finir par se dévorer les uns les autres, furent remplis pour ainsi dire d'une tendresse presque maternelle pour tous ces petits êtres abandonnés qu'ils rêvaient probablement faire devenir les fils de leurs idées.

Dès le 9 janvier 1793, la Convention rend un décret qui met à la disposition du Ministre de l'intérieur une somme de 1 500 000 livres pour l'entretien des enfants trouvés.

Le 15 février suivant, nouveau décret autorisant la somme de 1 200 000 livres pour la dépense des hôpitaux des Enfants trouvés.

Puis, le 28 juin de la même année, paraît une loi assez complète contenant organisation des secours pour les enfants, les vieillards et les indigents.

Le Titre Ier de cette loi s'occupe spécialement des enfants; il est divisé en deux paragraphes, dont le premier a trait aux secours à accorder aux enfants appartenant à des familles indigentes, et le second aux secours à accorder aux enfants abandonnés.

Le premier paragraphe se divise en trente-quatre articles qui sont plus humanitaires les uns que les autres. Quoiqu'ils n'aient laissé aucune trace, nous allons citer quelques-uns de ces articles à titre de curiosité comme à titre historique :

Article premier. — Les pères et mères qui n'ont pour toute ressource que le produit de leurs travaux ont droit aux secours de la nation, toutes les fois que le produit de ce travail n'est plus en proportion avec les besoins de leur famille.

Art. 3. — Celui qui, vivant du produit de son travail, a déjà deux enfants à sa charge, pourra réclamer les secours de la nation pour le troisième enfant qui lui naîtra.

Art. 7. — Les pères de famille qui auront ainsi obtenu des secours de la nation, en recevront de semblables pour chaque enfant qui leur naîtra au delà du troisième, du quatrième et du cinquième.

Art. 11. — Les enfants seront tous à la charge de la nation si leur père vient à mourir ou devient infirme de manière à ne pouvoir plus travailler, jusqu'au moment où ils pourront eux-mêmes se livrer au travail.

Art. 12. — En cas de mort du mari, la mère de famille qui ne pourrait fournir par le travail à ses besoins aura également droit aux secours de la nation.

Art. 13. — Ces secours seront fournis à domicile.

Art. 18. — La pension accordée aux enfants durera jusqu'à leur douzième année.....

Art. 21. — Les enfants secourus par la nation étant parvenus à l'âge de douze ans, et qui auront montré du goût pour une profession mécanique, seront mis en apprentissage aux frais de la nation.

Art. 24. — Ceux desdits enfants qui préfèrent se consacrer à l'agriculture auront également droit à ces seconds secours qui, à leur égard, sont fixées à 200 livres une fois payées.

. . . .

On voit par ces quelques articles que la Convention ne lésinait pas dans ses généreuses intentions; malheureusement, le manque d'argent devait mettre sa générosité en défaut. De plus, tout cela n'était qu'un beau rêve auquel on donna peu de suite, car des abus immenses ne pouvaient que s'élever de tous côtés de la part des milliers de familles ayant plusieurs enfants; et des sommes énormes n'auraient pu suffire à assurer les dépenses incalculables que le fonctionnement d'un pareil service aurait occasionnées. Mais la Révolution ne comptait pas et, même souvent, en s'élevant au-dessus de la raison, elle poursuivait des réformes qui étaient trop grandioses pour devenir réelles. L'humanité, en général, marche plus terre à terre que cela et, pour soulever sa misère, il faudrait des ruissellements d'or : heureuse si ces ruissellements ne coulaient pas trop souvent à côté du but à atteindre.

Le deuxième paragraphe du Titre 1er de cette loi se divise en 26 articles et comprend les secours à accorder aux enfants abandonnés. Ces enfants sont les plus intéressants parce qu'ils sont les plus infortunés. Aussi ce paragraphe est-il plus sensé, pour ainsi dire, que le premier, parce que son but était plus clair et que l'on poursuivait ainsi un projet d'assistance qui n'était pas nouveau dans les efforts bienfaisants des législateurs et que la loi présente devait encore rajeunir.

Les principaux articles de ce paragraphe sont ceux-ci :

Article premier. — La Nation se charge de l'éducation physique et morale des enfants connus sous le nom d'enfants abandonnés.

Art. 2. — Ces enfants seront désormais désignés sous la dénomination d'orphelins ; toutes autres qualifications seront absolument prohibées.

(Cet article montre que l'on voulait avec raison sauvegarder pour l'avenir la fierté et l'amour-propre des enfants jusque dans leur dénomination.)

Art. 4. — Toute fille qui déclarera vouloir allaiter elle-même l'enfant dont elle sera enceinte, et qui aura besoin des secours de la Nation, aura le droit de les réclamer.

(Cet article a soulevé dans la suite bien des polémiques et on l'a beaucoup critiqué, en traitant d'immoral ce droit absolu de la fille à réclamer les secours publics. Nous reviendrons sur ce sujet lorsque nous aurons à parler des secours temporaires et nous verrons que l'administration actuelle a régularisé par ses règlements, d'une façon très éclairée, le mode de venir en aide aux filles-mères.)

Art. 7. — Le secret le plus inviolable sera gardé sur tout ce qui concerne la fille-mère.

Art. 8. — Il sera donné avis de la naissance de l'enfant à l'Agence de secours qui le placera de suite chez une nourrice.

Art. 9. — Il sera permis à tous les citoyens de se présenter à l'Agence pour y prendre un ou plusieurs des enfants à la charge de la Nation.

Art. 13. — Les personnes qui se présenteront seront tenues de se soumettre aux conditions suivantes : 1° de ne pouvoir renvoyer ces enfants sans en avoir prévenu le membre de l'Agence de leur commune, au moins quinze jours d'avance ; 2° de faire fréquenter assidûment par les enfants les écoles nationales ; 3° de les mettre en apprentissage aux époques indiquées, si ces enfants ne préfèrent s'adonner à l'agriculture.

Art. 14. — Il sera toujours libre à l'Agence de retirer ces enfants aussitôt qu'elle aura reconnu qu'il y a du danger de les laisser plus longtemps au pouvoir de ces personnes.

Art. 19. — Aucune femme ne pourra être reçue à exercer cet emploi (d'élever des enfants) qu'après avoir été admise par l'Agence de secours, sur le certificat de l'officier de santé.

Art. 22. — Si, après le sevrage ou à toute autre des époques où ces enfants seront à la charge de la Nation, les nourrices ne veulent plus les garder et que personne ne se présente pour les prendre, ils seront portés dans l'hospice.

Nous venons de citer ainsi les articles les plus intéressants du deuxième paragraphe de cette loi et dont les dispositions, quoique sous une autre forme, sont encore en vigueur actuellement.

En effet, aujourd'hui comme alors, le secret des abandons est gardé ; les enfants sont placés chez les personnes qui offrent des garanties pour cela ; ils sont retirés de chez celles qui n'offrent plus ces garanties ; les nourrices doivent être munies d'un certificat médical ; les nourriciers doivent faire fréquenter l'école aux enfants ; et enfin, dès qu'une nourrice ne veut plus ou ne peut plus garder l'enfant, celui-ci est reconduit à son domicile légal qui est l'hospice dépositaire.

Aujourd'hui ce sont les inspecteurs du service qui placent les enfants et les surveillent ; c'étaient alors des agences de secours établies dans chaque municipalité qui faisaient ces fonctions. Or, ces agences de secours étaient créées par le titre III de cette même loi qui, en 24 articles très curieux, déterminait leurs attributions. Nous ne citons pas ici ces articles qui n'ont laissé à peu près aucune trace d'établissement.

Cette intéressante loi du 28 juin 1793 fut établie à la suite d'un compte rendu de Jean-Marie Roland, Ministre de l'Intérieur, qui rêvait plus de réformes encore, voulait des établissements nationaux pour les enfants âgés de six ans, et entre autres choses, disait :

« Après avoir assuré l'existence des enfants abandonnés et affermi leur tempérament en les confiant à des nourrices de campagne et en leur faisant respirer l'air salubre des champs, ils rentreraient dans la Maison nationale à la fin de leur sixième année ; là, je voudrais qu'on les accoutumât au travail, mais qu'on le leur rendît aimable. Des ateliers de tout genre devraient se trouver dans ces établissements et servir au développement des goûts et des dispositions de ces enfants adoptifs de la Patrie.

« Non seulement ces maisons deviendraient une école d'arts et de métiers pour eux, mais rien n'empêcherait qu'elles fussent ouvertes aux autres enfants des citoyens sans fortune ; là, sous l'inspection, sous la surveillance de maîtres intelligents et soigneux, ils se formeraient au travail et aux arts utiles ; là, on leur apprendrait à aimer un gouvernement bienfaisant, à connaître les lois, à les respecter ; et, devenus hommes, ils entreraient dans la société avec les qualités de bons citoyens. »

Ne reconnaît-on pas dans ces idées l'influence des rêves de Jean-Jacques Rousseau ? Le style lui-même ne prend-il pas la couleur de celui du philosophe de Genève ?

Or, on s'aperçoit, par la loi qui en résulta, que la Révolution chercha à faire grand au sujet des enfants ; mais elle fit trop grand et trop généreusement tout d'un coup, car l'état des finances ne pouvait permettre de longtemps d'atteindre entièrement ce but.

Comme on l'a vu par l'article 2 du deuxième paragraphe de cette loi si étendue du 28 juin 1793, la Convention avait décidé que les enfants trouvés ne devraient plus dorénavant porter que le nom d'orphelins, afin de leur donner un titre qui ne pût les froisser à l'âge où l'on comprend les choses.

Elle eut cependant la malencontreuse idée de revenir sur cet article et, le 14 juillet de la même année, elle décréta que les enfants trouvés devraient porter le nom d'*Enfants naturels de la Patrie*.

La Convention, prise sans doute de tendresse et de sensibilité, voulait probablement s'élever ainsi à un degré plus haut vis-à-vis du cœur de ces enfants et devenir, pour ainsi dire, comme leur mère elle-même.

Elle fut cependant mal inspirée dans ce titre qui marque l'état d'exaltation auquel on était arrivé à cette époque où les grandes phrases semblaient se succéder comme des sons de clairon et des appels au patriotisme. C'était le temps où commençaient nos glorieuses guerres ; et les cœurs ne trouvaient pas de mots trop vibrants pour s'y préparer.

Cependant ces mots « enfants naturels de la Patrie » pouvaient prêter à rire. S'il n'y avait eu que « enfants de la Patrie », cela eût été bien et même très juste parce que les enfants élevés aux frais de la Patrie ne peuvent être que siens ; mais cette adjonction « naturels » était de trop et peu respectueuse pour la grande idée que l'on doit se faire de son pays. La Patrie est la noble mère de tous ses enfants et elle doit les embrasser tous sur son sein dans un même degré d'affection ; tous ses défenseurs sont légitimement à elle et, par conséquent, tous ses enfants, à quelque catégorie qu'ils appartiennent, sont ses enfants légitimes. Il n'y a que les traîtres, les lâches ou les autres criminels qui doivent être considérés par elle comme des bâtards.

Ces mots sonnaient donc très mal.

Au point de vue de l'art (on peut parler de l'art

en histoire, car l'histoire comme l'allégorie sont ses grandes inspiratrices), cette dénomination était aussi malheureuse.

Comment, en effet, un artiste, si son génie ou son cœur l'eût porté à traiter ce sujet, eût-il pu le représenter ?

L'art veut une conception claire qui puisse être comprise de tous. La beauté vient de la clarté. Or, une œuvre d'art qui voudrait renfermer une suprême beauté dans ce sujet, ne pourrait représenter la Patrie que comme une femme noble et fière, regardant avec amour tous ses légitimes enfants, leur montrant le chemin de l'honneur et planant dans l'idéal.

Cette appellation était cependant très curieuse à noter ici, car elle marque l'état des esprits en ces temps extraordinaires où les cerveaux bouillonnaient dans une emphatique effervescence.

CHAPITRE V

LES ENFANTS SOUS LA RÉVOLUTION (*suite*).

Fixation du taux des indemnités. — **Décret du 24 vendémiaire an II,** sur le domicile de secours. — Considérations. — Décret du 17 pluviôse an II, où l'on voit poindre la pensée actuelle des secours temporaires. — Dernier décret de la Convention : il est rendu au sujet des enfants des colonies. — Le Directoire. — Arrêté du 5 messidor an IV. — Sage arrêté du 30 ventôse an V, par lequel se trouve close l'œuvre de la Révolution par rapport aux enfants abandonnés.

Après la loi du 28 juin 1793, la Convention s'occupa de fixer le taux des indemnités à accorder aux individus chargés des enfants abandonnés. Par un décret en date du 19 août 1793, elle fixe ainsi cette base :

Art. 2. — Le taux commun de la journée de travail dans chaque département servira de base à ces indemnités, qui ne pourront néanmoins excéder 80 livres par année pour chaque enfant au-dessous de l'âge de dix ans, et seront diminuées d'un tiers pour les années suivantes, jusqu'à l'âge de douze ans accomplis, époque à laquelle cessera toute indemnité.

Cette fixation sur la base des journées de travail dans chaque département était sage et équitable. On en reconnaît encore la bonne disposition aujourd'hui par les règlements que les conseils généraux de chaque département ont approuvés sur les pensions ou sur les secours des enfants dont le taux est approprié à la mesure des ressources locales.

Cependant, après que la Convention eut ainsi cherché à assurer le sort des enfants dans les diverses municipalités de la République, en accordant des secours nombreux aussi bien aux indigents qu'aux abandonnés, une question capitale devait s'élever : celle du domicile de secours.

En effet, la Convention avait créé un *droit aux secours ;* or, les charges d'assistance qui auparavant étaient tout à fait *locales,* devenaient alors des charges incombant entièrement à la Nation. L'État se trouvait substitué à la commune ; par conséquent, le règlement du domicile de secours devenait d'un grand intérêt administratif, et cela, parce que l'État, en se déclarant tenu d'assister les besogneux et indigents, devait connaître exactement leur résidence afin de pouvoir répartir les fonds de secours d'après la population de chaque municipalité.

La Convention pourvut donc à ce besoin nouveau par le titre V du décret du 24 vendémiaire an II (15 octobre 1793).

Voici les dix-huit articles de ce document qui a donné lieu, par la suite, à de nombreuses discussions, et à des malentendus dont le Ministre de l'Intérieur se trouvait souvent obligé de devenir l'arbitre :

Loi du 24 vendémiaire an II.

. . . .

TITRE V

DU DOMICILE DE SECOURS

Article premier. — Le domicile de secours est le lieu où l'homme nécessiteux a droit aux secours publics.

Art. 2. — Le lieu de la naissance est le lieu naturel du domicile de secours.

Art. 3. — Le lieu de la naissance, pour les enfants, est le domicile habituel de la mère au moment où ils sont nés.

Art. 4. — Pour acquérir le domicile de secours, il faut un séjour d'un an dans une commune.

Art. 5. — Le séjour ne comptera, pour l'avenir, que du jour de l'inscription au greffe de la municipalité.

Art. 6. — La municipalité pourra refuser le domicile de secours, si le domicilié n'est pas pourvu d'un passe-port et certificats qui constatent qu'il n'est pas homme sans aveu.

Art. 7. — Jusqu'à l'âge de vingt et un ans, tout citoyen pourra réclamer, sans formalité, le droit de domicile de secours dans le lieu de sa naissance.

Art. 8. — Après l'âge de vingt et un ans, il sera astreint à un séjour de six mois avant d'obtenir le droit de domicile et à se conformer aux formes prescrites aux articles 4, 5 et 6.

Art. 9. — Celui qui quittera son domicile pour en acquérir un second sera tenu aux mêmes formalités que pour le premier.

Art. 10. — Il en sera de même pour celui qui, après avoir quitté un domicile, voudra y revenir.

Art. 11. — Nul ne pourra exercer en même temps dans deux communes le droit de domicile de secours.

Art. 12. — On sera censé conserver son dernier domicile tant que le délai exigé pour le nouveau ne sera pas échu, pourvu qu'on ait été exact à se faire inscrire au greffe de la nouvelle municipalité.

Art. 13. — Ceux qui se marieront dans une commune, et qui l'habiteront pendant six mois, acquerront le droit de domicile de secours.

Art. 14. — Ceux qui auront resté deux ans dans la même commune, en louant leurs services à un ou plusieurs particuliers, obtiendront le même droit.

Art. 15. — Tout soldat qui aura combattu un temps quelconque pour la liberté, avec des certificats honorables, jouira de suite du droit de domicile de secours dans le lieu où il voudra se fixer.

Art. 16. — Tout vieillard âgé de soixante-dix ans, sans avoir acquis de domicile, ou reconnu infirme avant cette époque, recevra les secours de stricte nécessité, dans l'hospice le plus voisin.

Art. 17. — Celui qui, dans l'intervalle du délai prescrit pour acquérir le domicile de secours, se trouvera par quelque infirmité, suite de son travail, hors d'état de gagner sa vie, sera reçu à tout âge dans l'hospice le plus voisin.

Art. 18. — Tout malade domicilié de droit ou non, qui sera sans ressources, sera secouru, où à son domicile de fait, ou dans l'hospice le plus voisin.

Les articles 2 et 3 de ce décret auraient pu seuls être cités, comme intéressant particulièrement le sujet qui nous occupe, c'est-à-dire les enfants. Nous avons cependant voulu rapporter ce document tout entier, car il peut être utile à tous ceux qui s'intéressent aux questions d'assistance quelles qu'elles soient. Toutefois plusieurs de ses articles sont tombés en désuétude par suite du changement de système de l'Assistance publique. Voici, en effet, comment s'exprime un auteur, M. de Biran, à ce sujet :

« La Convention avait proclamé le *droit aux secours publics*. Mais les divers décrets organiques rendus sur cette matière ne furent pas sérieusement exécutés. Avec le système de charité centralisée entre les mains de l'État, disparut le *droit aux secours publics*, droit dangereux, incompatible avec nos mœurs, et qu'ont virtuellement abrogé les lois postérieures sur l'assistance publique. Aujourd'hui l'assistance, en même temps qu'elle est *localisée*, a, en principe, un caractère purement *facultatif*.

« Par suite, le *domicile de secours* ne confère plus un *droit*, mais seulement une *aptitude* à être secouru.

« Il existe cependant deux cas où cette assistance est *obligatoire* : c'est lorsqu'il s'agit d'enfants ou d'aliénés indigents. Mais, s'il y a alors obligation pour les départements et les communes de venir en aide à ces incapables, il ne s'ensuit pas que la loi ait attribué à ceux-ci un droit pouvant servir de base à une action judiciaire de leur part... ...

« ... Le domicile de secours n'implique plus, nous le répétons, qu'une aptitude à être secouru. Sous cette réserve essentielle et sous celle de modifications qui en sont la conséquence, on doit regarder comme étant encore en vigueur le titre V du décret du 24 vendémiaire an II. »

Ce décret est, en effet, le seul qui, durant tout un siècle, jusqu'à la loi du 15 juillet 1893, ait été rendu sur cet important sujet du domicile de secours, et c'est à lui seul que, le cas échéant, on a dû toujours se reporter.

La fixation du domicile de secours était indispensable à l'époque de la Révolution : elle est devenue aujourd'hui beaucoup plus sérieuse encore, car, de de cette fixation découle dans certains cas une obligation légale relative aux dépenses incombant aux communes ou aux départements; et, pour cette raison, il était à souhaiter que, averti par l'expérience des difficultés journalières qu'il suscite, on revisât cet arrêté de vendémiaire pour en rendre un plus clair, ne prêtant à aucune contestation ni à aucune équivoque.

Or, il y a eu un progrès réalisé dans ce sens par la loi du 15 juillet 1893 dont les articles 6, 7, 8 et 9, que nous citerons à leur place, offrent beaucoup plus de clarté que ceux de vendémiaire. Peu à peu dans tous les départements on a déjà commencé à mettre cette nouvelle jurisprudence en vigueur au sujet des enfants assistés, et cette manière d'agir ne peut avoir que de bons résultats.

Après avoir ainsi travaillé sur les grandes lignes de l'Assistance, la Convention, par la suite, s'occupa de plusieurs détails et ne dédaigna pas de rendre des décrets sur des demandes particulières de secours.

Ainsi, une femme, nommée Braconier, étant venue d'un village des Ardennes à Paris pour solliciter la liberté d'un homme du nom de Loison qu'elle devait épouser, accoucha en cette ville d'un garçon pour lequel elle réclama des secours, car elle était dénuée de toutes ressources. La Convention alors, par un décret en date du 17 pluviôse an II (5 février 1794), s'exprima en ces termes dans lesquels elle mettait toujours la solennité ronflante de l'époque :

Considérant qu'il importe à la régénération des mœurs, à la propagation des vertus et à l'intérêt public d'encourager les mères à remplir elles-mêmes le devoir sacré d'allaiter et de soigner leurs enfants ; que tous les enfants appartiennent indistinctement à la société, quelles que soient les circonstances de leur naissance ; qu'il importe également d'anéantir les préjugés qui faisaient proscrire ou abandonner, au moment même de leur existence, ceux qui n'étaient pas le fruit d'une union légitime ; que c'est d'après ces principes que l'article 4 du § 2 du titre 1er de la loi du 28 juin 1793 (vieux style) a formellement prononcé que « toute fille qui déclarerait vouloir allaiter elle-même l'enfant dont elle serait enceinte, et qui aurait besoin des secours de la nation, aurait droit de les réclamer » ; et que la même loi a pourvu, soit par des établissements et des secours en nature, soit par des secours annuels, à tout ce que pouvait exiger, en pareil cas, l'intérêt de la mère et de l'enfant ;

Décrète que, sur la présentation du présent décret, la trésorerie nationale payera à la citoyenne Braconier la somme de 150 livres, à titre de secours provisoire, pour elle et son enfant.

Le présent décret ne sera point imprimé ; il sera seulement inséré au Bulletin de correspondance.

Dans ce curieux document, on a pu remarquer cette phrase : « Il importe d'encourager les mères à remplir elles-mêmes le devoir sacré d'allaiter et de soigner leurs enfants. »

On est tenté de voir déjà, là, poindre la grande pensée actuelle des secours temporaires qui sont accordés surtout aux enfants naturels afin d'éviter les abandons dans la plus large mesure du possible.

Une fille-mère, dénuée de toutes ressources, sera souvent disposée à abandonner son enfant; si on lui vient en aide, son amour maternel sera peut-être réveillé, elle gardera l'enfant et pourra devenir plus grande que sa faute, en accomplissant noblement le devoir de la maternité.

Enfin, le 26 brumaire an III (16 novembre 1794), la Convention nationale, étendant ses vues jusque sur les colonies françaises au sujet des besoins de l'enfance, rendit un décret où il est dit :

Les enfants des habitants de Saint-Domingue et de toutes les autres colonies françaises, âgés de moins de quinze ans, qui se trouvent en France pour leur éducation, et dont les parents ont souffert des derniers troubles qui ont agité ces colonies ou de l'invasion de l'ennemi, seront reçus parmi les Enfants de la Patrie.

Ce décret fut le dernier rendu par la Convention à propos de l'assistance de l'enfant. Il eut lieu quelques semaines après la chute de Robespierre.

Quelles antithèses, dans cette Révolution française, que ces lois si humaines et de si haute compassion au milieu des torrents de sang qui coulaient de toutes parts !

Si les décrets et les lois n'étaient là comme preuves irréfutables pour l'histoire, l'histoire pourrait-elle croire que, parmi tant de luttes acharnées, parmi tant de débris croulants les uns sur les autres, parmi tant d'hommes vainqueurs ou vaincus s'envoyant chacun à leur tour à l'échafaud, l'histoire pourrait-elle croire que ces hommes eurent encore le temps de songer à ce qu'il y a de plus petit, à ce qui passe le plus inaperçu, l'enfant ?

Et cependant cela fut ainsi. Un sourire plana au-dessus de toutes ces fureurs, le sourire de l'enfant.

A la Convention nationale succéda le Directoire qui, lui aussi, allait sérieusement s'occuper de ces questions de l'enfance indigente, car ces questions ne devaient plus laisser aucun gouvernement indifférent.

A ce moment, on en arrivait, faute d'argent, à ne plus trouver que de rares nourrices pour élever les malheureux abandonnés.

On ne pouvait cependant pas délaisser la grande œuvre entreprise. Le Directoire alors se décida à régulariser les paiements d'une nouvelle manière et, le 5 messidor an IV (23 juin 1796), il rendit cet arrêté qui, lui aussi, est une page d'histoire :

Le Directoire exécutif, considérant que la rareté des nourrices a exposé un grand nombre d'enfants à périr faute du premier aliment de la vie et des soins nécessaires à leur âge ; que le découragement des nourrices a pour cause l'insuffisance de leurs salaires, réduits, par les variations successives du signe monétaire, à un taux trop disproportionné au prix des denrées ; qu'il importe d'assurer la régularité de ce paiement et de le proportionner au cours des denrées, conformément au vœu de la justice et aux vues de la bienfaisance nationale ;

Arrête provisoirement les points et articles suivants :

Article premier. — Le salaire des nourrices des enfants abandonnés élevés aux frais de la République et les pensions de ces mêmes enfants seront fixés en grains et payés chaque trimestre en mandats.

Art. 2. — Le cours du prix du grain sera déterminé d'après les mercuriales du chef-lieu de canton où seront situés les établissements consacrés à recevoir lesdits enfants...

On ne pouvait mieux faire pour le moment.

Une fois cette crise à peu près passée, on put s'occuper d'une manière plus positive de réglementer, en l'améliorant encore, le sort de ces pauvres enfants qui intéresseront dorénavant tous les législateurs.

Quelques mois après, en effet, le 27 brumaire (17 décembre 1796), le Conseil des Cinq-Cents chargea le Directoire de faire un règlement sur la manière dont les enfants abandonnés seraient élevés et instruits.

Le Directoire, se conformant à ces vues, rendit le fameux arrêté du 30 ventôse an V (20 mars 1797) dont plusieurs articles sont toujours en vigueur.

On sent, dans cet arrêté, un esprit moins pompeux que sous la Convention, mais plus posé et plus réalisable. On n'était plus sous la même effervescence : les esprits se rasseyaient. Deux années à peine étaient passées, et l'on se croirait déjà à un siècle de distance : c'est, pour ainsi dire, le style et la pensée de notre époque actuelle.

Voici les clairs articles de cet important document :

Arrêté du Directoire exécutif
*Concernant la manière d'élever et d'instruire
les enfants abandonnés.*

(3o ventôse an V.)

Le Directoire exécutif arrête ce qui suit :

Article premier. — Les enfants abandonnés ne seront point conservés dans les hospices où ils auront été déposés, excepté le cas de maladie ou accidents graves qui en empêchent le transport ; ce premier asile ne devant être considéré que comme un dépôt, en attendant que ces enfants puissent être placés, suivant leur âge, chez des nourrices ou mis en pension chez des particuliers.

Art. 2. — Les commissions administratives des hospices civils dans lesquels seront conduits des enfants abandonnés sont spécialement chargées de les placer chez des nourrices ou autres habitants des campagnes, et de pourvoir, en attendant, à tous leurs besoins, sous la surveillance des autorités dont elles dépendent.

Art. 3. — Les enfants placés dans les campagnes ne pourront jamais être ramenés dans les hospices civils, à moins qu'ils ne soient estropiés ou attaqués de maladies particulières qui les excluent de la société ou les rendent inhabiles à se livrer à des travaux qui exigent de la force et de l'adresse.

Art. 4. — Les nourrices et autres habitants des communes pourront conserver jusqu'à l'âge de douze ans les enfants qui leur auront été confiés, à la charge par eux de les nourrir et entretenir convenablement aux prix et conditions qui seront déterminés d'après les dispositions de l'article 9 ci-après, et de les envoyer aux écoles primaires pour y participer aux instructions données aux autres enfants de la commune ou du canton.

Art. 5. — Si les nourrices ou autres personnes chargées d'enfants abandonnés refusent de continuer à les élever jusqu'à l'âge de douze ans, les commissions des hospices civils qui leur ont confié ces enfants seront tenues de les placer ailleurs, conformément aux dispositions précédentes.

Art. 6. — Le commissaire du Directoire exécutif près l'administration municipale du canton dans l'arrondissement duquel résideront des nourrices ou autres habitants chargés d'enfants abandonnés, surveillera l'exécution des dispositions portées en l'article 4 ; à l'effet de quoi les commissions administratives des hospices civils lui remettront une liste des enfants où seront inscrits leurs noms et prénoms, celui des nourrices et autres habitants, et le lieu de leur domicile.

Art. 7. — Les nourrices et autres habitants chargés d'enfants abandonnés seront tenus de représenter, tous les trois mois, les enfants qui leur auront été confiés, à l'agent de leur commune qui certifiera que ces enfants ont été traités avec humanité, et qu'ils sont instruits et élevés conformément aux dispositions du présent règlement.

Art. 8. — Les nourrices et autres personnes, qui représenteront les certificats mentionnés dans l'article précédent, recevront, outre le prix des mois de nourrice, et suivant l'usage, pendant les neuf premiers mois de la vie des enfants une indemnité de 18 francs, payable par tiers, de trois mois en trois mois.

Ceux qui auront conservé des enfants jusqu'à l'âge de douze ans, et qui les auront préservés jusqu'à cet âge d'accidents provenant de défaut de soins, recevront à cette époque une autre indemnité de 50 francs, à la charge par eux de rapporter un certificat ainsi qu'il est dit article 7.

(Nous omettons ici les quatre articles suivants qui n'offrent plus aucun intérêt et nous passons à l'article 13.)

Art. 13. — Les enfants âgés de douze ans révolus, qui ne seront pas conservés par les nourrices et autres habitants auxquels ils auront été d'abord confiés, seront placés chez des cultivateurs, artistes ou manufacturiers, où ils resteront jusqu'à leur majorité, sous la surveillance du commissaire du Directoire exécutif près l'administration municipale du canton, pour y apprendre un métier ou profession conforme à leur goût et à leurs facultés ; à l'effet de quoi les commissions des hospices civils, sous la surveillance et approbation des autorités constituées auxquelles elles sont subordonnées, feront des transactions particulières avec ceux qui s'en chargeront.

Pourront également, ces commissions, sous l'approbation des mêmes autorités, faire des engagements ou traités avec les capitaines des navires dans les ports de mer de la République, lorsque les enfants manifesteront le désir de s'attacher au service maritime.

Art. 14. — Les nourrices et autres habitants qui auront élevé jusqu'à douze ans les enfants qui leur auront été confiés pourront les conserver préférablement à tous les autres, en se chargeant néanmoins de leur faire apprendre un métier ou de les appliquer aux travaux de l'agriculture, en se conformant aux dispositions des articles 6, 7 et 8 du présent règlement.

Art. 15. — Les cultivateurs ou manufacturiers chez lesquels seront placés des enfants ayant atteint l'âge de douze ans, ou ceux qui, les ayant élevés jusqu'à cet âge, les conserveraient aux conditions portées en l'article précédent, recevront une somme de 5o francs pour être employée à procurer à ces enfants les vêtements qui leur seront nécessaires.

Art. 16. — Les dépenses résultant des dispositions des articles 13, 14 et 15 seront acquittées suivant et conformément aux dispositions déterminées par les articles 10 et 11 du présent règlement.

Art. 17. — Les enfants qui, par leur inconduite ou la manifestation de quelques inclinations vicieuses, seraient reconduits dans les hospices, ne pourront être confondus avec ceux qui y auront été déposés comme orphelins appartenant à des familles indigentes ; ils seront, au contraire, placés seuls dans un local particulier, et les commissions des hospices prendront les mesures convenables pour les ramener à leur devoir, en attendant qu'elles puissent les rendre à leurs maîtres ou les placer ailleurs.

Art. 18. — Les commissions des hospices civils qui auront placé les enfants abandonnés, déposés dans les établissements confiés à leur administration, en surveilleront l'éducation morale, conjointement avec les membres de l'administration municipale du canton où sont situés ces établissements et auxquels est confiée la tutelle de ces enfants.

Art. 19. — Le présent règlement sera imprimé et envoyé aux administrations des départements, qui veilleront à son exécution et en rendront compte au ministre de l'intérieur.

L'esprit qui règne dans ces différents articles de

l'arrêté du 3o ventôse, an V, est un esprit sage et il sert encore de base à nos divers règlements actuels.

D'après l'article 1ᵉʳ, en effet, l'hospice est toujours considéré comme un dépôt temporaire où l'on ne doit laisser séjourner les enfants que le moins longtemps possible : le grand air de la campagne leur vaut mieux ; ils ne s'y étiolent point.

Il n'y a, d'après l'article 3, que les enfants malades ou infirmes qui doivent séjourner à l'hospice. Cependant aujourd'hui on place, autant que possible, les infirmes à la campagne, en accordant une pension supplémentaire aux gardiens. Le placement familial n'est-il pas le meilleur pour leur corps comme pour leur cœur ?

On a toujours continué, d'après l'article 4, à veiller à ce que les nourriciers fassent fréquenter l'école aux enfants. S'ils manquent à ce devoir, après un ou deux avertissements, on leur retire les enfants pour les placer ailleurs.

Les indemnités de 18 francs et de 5o francs, prescrites par les articles 8 et 15, n'ont pas cessé d'être payées aux ayants droit. Si quelques départements ont oublié par la suite de se conformer à ces prescriptions, l'administration supérieure s'est chargée de les leur rappeler. En effet, dans ces indemnités accordées aux nourrices qui ont élevé les enfants depuis une époque voisine de leur naissance jusqu'à douze ans, il faut reconnaître une grande sagesse, car le législateur tend ainsi à maintenir les enfants le plus longtemps possible auprès des mêmes nourriciers, afin de leur donner la grande illusion de la famille.

Aujourd'hui, comme alors, les enfants sont minutieusement surveillés dans leurs placements; aujourd'hui, comme alors, les enfants indisciplinés (art. 17) sont ramenés dans les hospices où l'on prend les mesures nécessaires à leur égard; aujourd'hui, comme alors, on applique les enfants de préférence à l'agriculture : cela était sage déjà à cette époque; combien ce principe est-il encore plus sage maintenant que l'agriculture manque de bras et que beaucoup de paysans tendent à déserter les travaux de la campagne !

Voilà donc achevée l'œuvre de la Révolution française sur l'enfance : c'est par ce décret du 30 ventôse qu'elle en vint à clore ses travaux au sujet du sort de ces milliers de pauvres abandonnés qui jusque-là avaient ému le cœur de quelques particuliers et de quelques rois de France, mais jamais le cœur de la nation tout entière.

Cette œuvre, quoique incomplète encore, fut magistrale. On peut même ajouter qu'elle fut grandiose, vu les circonstances terribles et dramatiques au milieu desquelles elle fut accomplie.

Si toutes les dispositions de cette œuvre ne sont pas restées, c'est que la Révolution parfois outrepassa le but en voulant faire trop grand, entraînée par l'effervescence humanitaire du moment; mais quelques-unes ont survécu et elles ne sont pas, ainsi que nous l'avons vu, les moins dignes de figurer dans nos règlements actuels.

Les divers historiens de la Révolution ne parlent que des faits politiques qui attirent l'attention du monde; ils passent presque toujours sous silence ces nombreuses lois relatives à l'enfance, parce que probablement l'enfance semble être trop peu pour compter parmi les événements de l'histoire; et cependant, s'ils en parlaient, combien cela serait calmant pour le cœur! Le lecteur, en parcourant leurs pages, aimerait y reposer sa pensée, à côté de toutes les sanglantes catastrophes de cette époque mémorable, comme on aime reposer sa vue sur un coin de ciel bleu au milieu des tourmentes de l'orage ou sur une île au sable d'or au milieu des flots écumants.

CHAPITRE VI

LES ENFANTS SOUS L'EMPIRE

Quelques années de silence au sujet des enfants abandonnés. — Décret du 15 pluviôse an XIII (4 février 1805) relatif à la tutelle. — Défaut de ce décret. — Augmentation du nombre des enfants abandonnés. — Abus. — **Décret du 19 janvier 1811.** — Considérations sur ce décret. — Décret du 30 août 1811 créant les Pupilles de la Garde. — Circulaire du 30 juin 1812 au sujet des noms à donner aux enfants trouvés. — Remise des enfants aux parents : Arrêté du 26 octobre 1813. — Interdiction de voir leurs enfants aux parents qui les ont délaissés. — Fin de l'œuvre de l'Empire au sujet des enfants abandonnés.

L'élan était donné. L'Empire, né de la Révolution, ne pouvait pas se désintéresser des enfants abandonnés.

Jusque-là, tout ce qui avait été fait au sujet de ces enfants n'avait été pour ainsi dire qu'une ébauche, ébauche monumentale, il est vrai, mais œuvre non achevée, car il n'existait pas encore un lien ferme qui réunît en un seul bloc et condensât les divers décrets et lois de la Révolution.

Cependant le chemin était tracé, large et grand ; il n'y avait plus qu'un pas à faire pour atteindre un premier sommet. Ce pas allait être franchi par la loi décisive de 1811.

Mais, avant d'y arriver, il fallait que l'Empire, parvenu au pouvoir à force de victoires, se consolidât lui-même par de nouvelles victoires amoncelées sous la force du génie militaire. Durant cette immortelle période de guerres, on n'eut pas de loisir pour s'occuper de l'enfant. Les choses devaient rester plusieurs années telles qu'elles étaient.

Un besoin impérieux cependant se faisait sentir au sujet des milliers d'enfants admis dans les hospices et qui restaient sans famille et sans direction bien caractérisée : c'était celui de leur donner une tutelle. A eux aussi, comme aux autres, il fallait un protecteur chargé de veiller sur leurs intérêts, un protecteur personnel et connu qui puisse se distinguer d'une administration où la pluralité des membres forme presque un anonymat impersonnel. Après ce qui avait été déjà fait, on ne pouvait retarder plus longtemps cette mesure indispensable. C'est pourquoi, le 15 pluviôse an XIII (4 février 1805), Napoléon signa le décret suivant, relatif à la tutelle des enfants des hospices :

Article premier. — Les enfants admis dans les hospices, à quelque titre et sous quelque dénomination que ce soit, seront sous la tutelle des commissions administratives de ces maisons, lesquelles désigneront un de leurs membres pour exercer, le cas advenant, les fonctions de tuteur, et les autres formeront le conseil de tutelle.

Art. 2. — Quand l'enfant sortira de l'hospice pour être placé comme ouvrier, serviteur ou apprenti dans un lieu éloigné de l'hospice où il avait été placé d'abord, la commission de cet hospice pourra, par un simple acte administratif visé du préfet ou du sous-préfet, déférer la tutelle à la commission administrative de l'hospice du lieu le plus voisin de la résidence actuelle de l'enfant.

Art. 3. — La tutelle des enfants admis dans les hospices durera jusqu'à leur majorité ou émancipation par mariage ou autrement.

Art. 4. — Les commissions administratives des hospices jouiront, relativement à l'émancipation des mineurs qui sont sous leur tutelle, des droits attribués aux pères et mères par le Code civil. L'émancipation sera faite, sur l'avis des membres de la commission administrative, par celui d'entre eux qui aura été désigné tuteur, et qui seul sera tenu de comparaître à cet effet devant le juge de paix. L'acte d'émancipation sera délivré sans autres frais que ceux d'enregistrement et de papier timbré.

Art. 5. — Si les enfants admis dans les hospices ont des biens, le receveur de l'hospice remplira, à cet égard, les mêmes fonctions que pour les biens des hospices. Toutefois, les biens des administrateurs-tuteurs ne pourront, à raison de leurs fonctions, être passibles d'aucune hypothèque. La garantie de la tutelle résidera dans le cautionnement du receveur chargé de la manutention des deniers et de la gestion des biens. En cas d'émancipation, il remplira les fonctions de curateur.

Art. 6. — Les capitaux qui appartiendront ou écherront aux enfants admis dans les hospices seront placés dans les monts-de-piété ; dans les communes où il n'y aura pas de mont-de-piété, ces capitaux seront placés à la caisse d'amortissement, pourvu que chaque somme ne soit pas au-dessous de 150 francs, auquel cas il en sera disposé selon que réglera la commission administrative.

Art. 7. — Les revenus et capitaux appartenant aux enfants admis dans les hospices seront perçus, jusqu'à leur sortie desdits hospices, à titre d'indemnité des frais de leur nourriture et entretien.

Art. 8. — Si l'enfant décède avant sa sortie de l'hospice, son émancipation ou sa majorité, et qu'aucun héritier ne se présente, ses biens appartiendront en propriété à l'hospice, lequel en pourra être envoyé en possession à la diligence du receveur et sur les conclusions du ministère public. S'il se présente ensuite des héritiers, ils ne pourront répéter les fruits que du jour de la demande.

Art. 9. — Les héritiers qui se présenteront pour recueillir la succession d'un enfant décédé avant sa sortie de l'hospice, son émancipation ou sa majorité, seront tenus d'indemniser l'hospice des aliments fournis et dépenses faites pour l'enfant décédé pendant le temps qu'il sera resté à la charge de l'administration, sauf à faire entrer en compensation, jusqu'à due concurrence, les revenus perçus par l'hospice.

Cet important décret est encore en vigueur aujourd'hui. Il était alors la perfection et s'adaptait parfaitement aux exigences du service de ce temps. Mais depuis que les inspecteurs départementaux sont chargés, par leurs fonctions elles-mêmes, des mille détails d'une tutelle administrative, tels que placements et déplacements des pupilles, signature des contrats de louage ou d'apprentissage, surveillance de leur conduite, conseils à leur donner en cas de mariage ou d'engagement militaire, ce décret présente parfois quelques difficultés, car la tutelle se trouve divisée en deux parties : l'une, toute légale, reste confiée aux commissions administratives ; l'autre passe aux mains des inspecteurs, contrairement aux dispositions de la loi. Cela va bien tant qu'il y a harmonie entre les diverses vues et volontés des uns et des autres ; mais le service en souffre quand il y a conflit.

Par exemple, lorsque des pupilles sont vicieux et incorrigibles l'inspecteur propose des mesures disciplinaires à prendre envers eux : parfois la commission de l'hospice refuse. Les pupilles alors restent sur les bras de l'inspecteur qui devient fort embarrassé pour leur trouver des placements et les empêcher d'accomplir quelques nouvelles folies que l'on ferait peut-être retomber sur sa responsabilité de fonctionnaire. Mille autres cas différents peuvent se présenter ainsi. Il serait donc bon de reviser ce décret de pluviôse ; et il n'y aurait que très peu de chose à changer : donner les droits de tuteur à l'inspecteur qui en possède déjà presque les fonctions ; les membres des commissions administratives formeraient seulement le conseil de tutelle. Cela, du reste, existe déjà pour le directeur de l'assistance publique de la Seine, comme nous le verrons par la suite dans la loi du 10 janvier 1849, et pour les inspecteurs départementaux au sujet des enfants moralement abandonnés, comme nous le verrons dans la loi du 24 juillet 1889.

Mais n'anticipons pas et constatons seulement la grandeur morale et les avantages de ce décret impérial dont les importantes dispositions devaient avoir la durée de tout ce qui est bon et utile.

Cependant, comme nous l'avons déjà dit, malgré tous les décrets et toutes les lois qui avaient été rendus, il manquait encore le lien indispensable qui réunît l'ensemble en une loi claire et décisive à laquelle tous pussent se reporter uniformément. Aussi le bon fonctionnement du service de l'enfance en souffrait-il. Il en souffrit surtout durant les nombreuses guerres de l'Empire : on volait à la gloire ; mais la main ferme qui dirigeait tant de batailles laissait flotter les rênes un peu à l'abandon sur la direction à donner aux milliers d'enfants recueillis dans les hospices. Aussi de multiples abus surgirent-ils de toutes parts, et le nombre des enfants abandonnés, augmentant de plus en plus, en vint à s'élever alors au chiffre de 80 000. Leur dépense se comptait par près de huit millions de francs.

Cette effrayante progression et ces abus avaient plus d'une cause :

On admettait trop facilement dans les hospices les enfants de parents connus et mariés; on y recevait généralement les enfants de tous ceux qui présentaient des certificats d'indigence ou d'infirmités, et cela parce que les secours pour prévenir les abandons n'étaient pas encore réglementés et que la Révolution avait, dans une générosité très humanitaire mais pas assez circonspecte, ouvert trop grandes les portes des hospices; des mères obtenaient l'inscription de leurs enfants au nombre des abandonnés et venaient les chercher ensuite pour les élever avec la rétribution que l'on accordait aux nourrices; des ouvriers, qui s'éloignaient de leur domicile pour aller au loin chercher fortune, ne trouvaient rien de mieux que d'abandonner leurs enfants dans les hospices; on délivrait des certificats de vie pour des enfants morts, afin de continuer un salaire qui n'était plus dû; on en arrivait même à substituer des enfants légitimes à des enfants trouvés dont on dissimulait le décès.

Lorsqu'au milieu de ses victoires, l'Empire respira un peu dans une paix de trop courte durée, Napoléon, sur le rapport de ses ministres, s'émut de tous ces abus. C'est alors qu'il ordonna des enquêtes et qu'enfin il fit paraître le magistral décret du 19 janvier 1811, décret qui fut aussi glorieux que toutes ses batailles, car il allait donner pour longtemps la stabilité à ce service de l'enfance qui, à cause de son manque d'homogénéité, avait tant flotté jusqu'ici au milieu des ouragans et des changements de tous les pouvoirs qui se succédèrent si promptement les uns aux autres.

Voici ce décret :

Décret du 19 janvier 1811.

Napoléon, Empereur des Français,
Sur le rapport de notre Ministre de l'intérieur,
Notre Conseil d'État entendu,
Avons décrété et décrétons ce qui suit :

TITRE Ier

Article premier. — Les enfants dont l'éducation est confiée à la charité publique sont :

1° Les enfants trouvés ;
2° Les enfants abandonnés ;
3° Les orphelins pauvres.

TITRE II

DES ENFANTS TROUVÉS

Art. 2. — Les enfants trouvés sont ceux qui, nés de pères et mères inconnus, ont été trouvés exposés dans un lieu quelconque, ou portés dans les hospices destinés à les recevoir.

Art. 3. — Dans chaque hospice destiné à recevoir des enfants trouvés, il y aura un tour où ils devront être déposés.

Art. 4. — Il y aura au plus, dans chaque arrondissement, un hospice où les enfants trouvés pourront être reçus.

Des registres constateront jour par jour leur arrivée, leur sexe, leur âge apparent, et décriront les marques naturelles et les langes qui peuvent servir à les faire reconnaître.

TITRE III

DES ENFANTS ABANDONNÉS ET ORPHELINS PAUVRES

Art. 5. — Les enfants abandonnés sont ceux qui, nés de pères ou de mères connus, et d'abord élevés par eux ou par d'autres personnes à leur décharge, en sont délaissés sans qu'on sache ce que les pères et mères sont devenus, ou sans qu'on puisse recourir à eux.

Art. 6. — Les orphelins sont ceux qui, n'ayant ni père ni mère, n'ont aucun moyen d'existence.

TITRE IV

DE L'ÉDUCATION DES ENFANTS TROUVÉS, ABANDONNÉS ET ORPHELINS PAUVRES

Art. 7. — Les enfants trouvés nouveau-nés seront mis en nourrice aussitôt que faire se pourra. Jusque-là ils seront nourris au biberon, ou même au moyen de nourrices résidant dans l'établissement. S'ils sont sevrés ou susceptibles de l'être, ils seront également mis en nourrice ou sevrage.

Art. 8. — Ces enfants recevront une layette ; ils resteront en nourrice ou sevrage jusqu'à l'âge de six ans.

Art. 9. — A six ans, tous les enfants seront, autant que faire se pourra, mis en pension chez des cultivateurs ou des artisans. Le prix de la pension décroîtra chaque année jusqu'à l'âge de douze ans, époque à laquelle les enfants mâles en état de servir seront mis à la disposition du Ministre de la marine.

Art. 10. — Les enfants qui ne pourront être mis en pension, les estropiés, les infirmes seront élevés dans l'hospice ; ils seront occupés dans des ateliers à des travaux qui ne soient pas au-dessus de leur âge.

TITRE V

DES DÉPENSES DES ENFANTS TROUVÉS, ABANDONNÉS ET ORPHELINS

Art. 11. — Les hospices désignés pour recevoir les enfants trouvés sont chargés de la fourniture des layettes et de toutes les dépenses intérieures relatives à la nourriture et à l'éducation des enfants.

Art. 12. — Nous accordons une somme annuelle de quatre millions pour contribuer au paiement des mois de nourrice et des pensions des enfants trouvés et des enfants abandonnés. S'il arrivait, après la répartition de cette somme, qu'il y eût insuffisance, il y sera pourvu par les hospices au moyen de leurs revenus ou d'allocations sur les fonds des communes.

Art. 13. — Les mois de nourrice et les pensions ne pourront être payés que sur des certificats des maires des communes où seront les enfants. Les maires attesteront, chaque mois, les avoir vus.

Art. 14. — Les commissions administratives des hospices feront visiter au moins deux fois l'année chaque enfant, soit par un commissaire spécial, soit par les médecins ou chirurgiens vaccinateurs des épidémies.

TITRE VI

DE LA TUTELLE ET DE LA SECONDE ÉDUCATION
DES ENFANTS TROUVÉS ET DES ENFANTS ABANDONNÉS

Art. 15. — Les enfants trouvés et les enfants abandonnés sont sous la tutelle des commissions administratives des hospices, conformément aux règlements existants. Un membre de cette commission est spécialement chargé de cette tutelle.

Art. 16. — Lesdits enfants, élevés à la charge de l'État, sont entièrement à sa disposition ; et quand le Ministre de la marine en dispose, la tutelle des commissions administratives cesse.

Art. 17. — Les enfants ayant accompli l'âge de douze ans, desquels l'État n'aura pas autrement disposé, seront, autant que faire se pourra, mis en apprentissage : les garçons, chez des laboureurs ou des artisans ; les filles, chez des ménagères, des couturières ou autres ouvrières, ou dans des fabriques et manufactures.

Art. 18. — Les contrats d'apprentissage ne stipuleront aucune somme en faveur ni du maître ni de l'apprenti ; mais ils garantiront au maître les services gratuits de l'apprenti jusqu'à un âge qui ne pourra excéder vingt-cinq ans et à l'apprenti la nourriture, l'entretien et le logement.

Art. 19. — L'appel à l'armée, comme conscrit, fera cesser les obligations de l'apprenti.

Art. 20. — Ceux des enfants qui ne pourraient être mis en apprentissage, les estropiés, les infirmes qu'on ne trouverait point à placer hors de l'hospice, y resteront à la charge de chaque hospice.

Des ateliers seront établis pour les occuper.

TITRE VII

DE LA RECONNAISSANCE ET DE LA RÉCLAMATION DES ENFANTS TROUVÉS ET ABANDONNÉS

Art. 21. — Il n'est rien changé aux règles relatives à la reconnaissance et à la réclamation des enfants trouvés et des enfants abandonnés : mais, avant d'exercer aucun droit, les parents devront, s'ils en ont les moyens, rembourser toutes les dépenses faites par l'administration publique ou par les hospices ; et, dans aucun cas, un enfant dont l'Etat aurait disposé, ne pourra être soustrait aux obligations qui lui ont été imposées.

TITRE VIII

DISPOSITIONS GÉNÉRALES

Art. 22. — Notre Ministre de l'intérieur nous proposera, avant le 1er janvier 1812, des règlements d'administration publique qui seront discutés en notre Conseil d'État. Ces règlements détermineront, pour chaque département, le nombre des hospices où seront reçus les enfants trouvés, et tout ce qui est relatif à leur administration quant à ce, notamment un mode de revue des enfants existants, et le paiement des mois de nourrice ou pension.

Art. 23. — Les individus qui seraient convaincus d'avoir exposé des enfants, ceux qui feraient habitude de les transporter dans les hospices, seront punis conformément aux lois.

Art. 24. — Notre Ministre de la marine nous présentera incessamment un projet de décret tendant : 1° à organiser son action sur les enfants dont il est parlé aux articles précédents ; 2° pour régler la manière d'employer sans délai ceux qui, au 1er janvier dernier, ont atteint l'âge de douze ans.

Art. 25. — Notre Ministre de l'intérieur est chargé de l'exécution du présent décret, qui sera inséré au *Bulletin des lois.*

Ce décret était ce qui pouvait être fait de plus complet sur l'enfance, du moins pour le moment ; c'était une organisation presque définitive, car rien n'est définitif en ce monde. On ne pouvait dire plus simplement ni plus clairement. La simplicité et la clarté viennent souvent de la force qui a confiance en elle-même. Or, celui qui fit cette loi était à l'apogée de sa gloire; et, si son astre allait bientôt se coucher à l'horizon, sa loi de 1811 devait conserver une auréole qui brille encore sur nos institutions actuelles.

Plusieurs des dispositions de ce décret, telles que celles des articles 9 et 10, n'ont été suivies que d'exécution fort incomplète et même nulle; plusieurs autres sont tombées par la suite en désuétude, mais pour faire place à des dispositions nouvelles plus conformes peut-être aux exigences du temps qui marche sans regarder en arrière, qui marche toujours vers des besoins nouveaux.

Du reste, l'administration supérieure a su y introduire successivement des améliorations qu'elle poursuit sans relâche. Ainsi, comme nous le verrons plus tard, deux nouvelles catégories d'enfants seront ajoutées aux trois catégories de ce décret : les enfants secourus temporairement et les enfants moralement abandonnés.

Ainsi encore, les tours, prévus si formellement par l'article 3 du titre II, finiront, après avoir été la source de bien des abus, par disparaître peu à peu, cinquante ans plus tard, pour être remplacés par des bureaux d'admission. Les commissaires spéciaux, chargés de visiter les enfants (art. 14), feront place aux inspecteurs départementaux, etc.

Quant au règlement d'administration publique que, selon l'article 22, le Ministre de l'intérieur était chargé de préparer, il n'a jamais été rendu. L'Empire touchait à sa fin : il n'eut plus que le temps de se préparer à vaincre ou à disparaître sous les événements qui s'amoncelaient de tous les côtés de l'Europe.

Le décret de 1811 paraît avoir eu pour première et considérable conséquence de diminuer la quantité des abandons et d'en restreindre la facilité, en limitant à un, par arrondissement, le nombre maximum des hospices dépositaires (beaucoup d'arrondissements n'en ont même jamais eu), tandis que la Révolution avait, en multipliant inconsidérément les dépôts, ouvert les portes toutes grandes aux délaissements.

Mais, à cette époque toute militaire, Napoléon avait besoin de soldats et tous ses rêves se portaient sur l'armée. Aussi eût-il été très étonnant que l'idée ne lui vînt pas d'enrôler le plus possible de pupilles dans ses troupes. Les pupilles à la charge des hospices et de l'État ne devaient-ils pas, dans la pensée de l'Empereur, dédommager la Patrie des frais que celle-ci faisait pour eux ? Or, quel moyen ces pupilles indigents pouvaient-ils avoir pour cela, sinon de donner leur sang ?

Aussi les enfants mâles avaient-ils été mis par la loi de 1811 à la disposition du ministre de la marine. Napoléon ne se contenta pas de cela et, voulant faire honneur aux enfants abandonnés, il créa les Pupilles de la Garde.

Cette création essentiellement militaire devait disparaître avec l'Empereur ; mais l'histoire doit la noter comme un signe curieux du temps.

Voici ce décret, si peu connu, en date du 30 août 1811 :

Article premier. — Un régiment des Pupilles de la Garde sera créé et porté à huit bataillons et à un bataillon de dépôt, ce qui fera neuf bataillons.....

Art. 2. — L'état-major sera composé d'un colonel et d'un major.....

Art. 3. — Le colonel, le major, le conseil d'administration et le bataillon de dépôt resteront à Versailles.

Le régiment sera caserné, savoir :

Le 1er bataillon, à Rouen ;
Le 2e — au Havre ;
Le 3e — à Fécamp ;
Le 4e — à Dieppe ;
Le 5e — à Boulogne ;
Le 6e — à Dunkerque ;
Le 7e — à Caen ;
Le 8e — à Granville.

Art. 4.—Le Ministre de l'intérieursera chargé de diriger sur le dépôt de Versailles les enfants âgés de plus de quinze ans qui sont à la charge des hospices dans les différentes parties de l'Empire, jusqu'à concurrence du recrutement.

Ces enfants seront habillés et équipés au dépôt de Versailles et, de là, dirigés sur les bataillons où ils seront incorporés.

En exécution de ce décret, le ministre de l'intérieur fit tirer des différents hospices de l'Empire 6 000 pupilles ayant plus de quinze ans ; le corps d'officiers fut pris presque en totalité parmi les officiers et sous-officiers de la vieille Garde qui entrèrent avec avancement dans ce régiment.

Napoléon s'intéressa beaucoup à ces enfants : il recommanda que l'on fît faire le moins de service possible à ces jeunes gens encore peu capables de supporter les fatigues et qu'il fallait ménager. Puis, au sujet des cadres, il écrivait, le 15 décembre suivant, au duc de Feltre : « Vous me faites la demande de 416 sous-officiers pour le bataillon de pupilles. Je pense qu'il faut en prendre parmi les anciens pupilles eux-mêmes ; ni la Garde ni la ligne ne peuvent suffire à une telle consommation. Dans les anciens pupilles, il y a beaucoup de jeunes gens ayant plus de seize ans, sachant lire et écrire, et déjà instruits ; on peut les prendre pour conduire les autres. »

On voit que Napoléon n'oubliait pas les détails pour ce qui le touchait le plus au cœur, l'Armée.

Ce décret ne fut que passager ; il disparut avec le grand capitaine : mais il était utile de le citer dans une page d'histoire où l'on ne doit rien omettre d'intéressant.

L'œuvre principale de l'Empire au sujet de l'enfance fut donc le décret de 1811 qui réunissait d'une manière compacte tout ce qui avait été fait jusquelà, en laissant de côté ce qui n'avait plus sa raison d'être. Le Gouvernement impérial n'y ajouta plus rien que quelques dispositions réglementaires qui avaient certainement leur importance. Ainsi la circulaire de l'intérieur du 30 juin 1812 règle sagement les noms et prénoms à donner aux enfants trouvés. Il y est dit :

« Pour le choix du nom de baptême, on doit suivre les usages ordinaires. Quant au nom de famille, il faut avoir soin de ne pas donner le même à plusieurs individus.

« Pour prévenir des confusions et des réclamations très fondées, on doit éviter de donner aux enfants trouvés des noms connus pour appartenir à des familles existantes, et qui sont pour elles une sorte de propriété souvent très précieuse. Il faut donc chercher ces noms, soit dans l'histoire des temps passés, soit dans les circonstances particulières à l'enfant, comme sa conformation, ses traits, son teint, le pays, le lieu, l'heure où il a été trouvé. Il convient néanmoins d'observer qu'il faut rejeter avec soin toute dénomination qui serait ou indécente ou ridicule, ou propre à rappeler, en toute occasion, que celui à qui on l'a donnée est un enfant trouvé. »

Cela était juste, et la circulaire du 8 février 1823 le rappellera.

C'est ainsi que nous connaissons des enfants trouvés qui portent les noms de Duchêne, Desportes, Dujardin ou Delapierre, parce qu'ils ont été trouvés abandonnés sous un chêne, entre des portes, dans un jardin ou près d'une borne. Or, ces enfants n'auront jamais à rougir de ces noms qui, en leur rappelant, à eux seuls, les circonstances de leur délaissement, ce qui ne peut être qu'un bien, ne les afficheront pas devant la société.

Cependant une des causes de la multiplicité des abandons était la facilité avec laquelle les parents pouvaient retirer gratuitement leurs enfants après que ceux-ci avaient été élevés aux frais publics.

Le Ministre de l'intérieur, par arrêté du 26 octobre 1813, obvia à cet abus, en disant dans l'article unique de cet arrêté : « Les enfants exposés ou abandonnés, de l'un et de l'autre sexe, ne seront remis aux parents qui les réclameront qu'en remboursant toutes les dépenses qu'ils auront occasionnées. »

Et dans une circulaire du 17 novembre suivant, il était dit : « Le ministre de l'intérieur a décidé, en principe, que la remise gratuite des enfants, dans le cas où les parents n'auraient pas les moyens de rembourser les dépenses, ne pourrait être que le résultat d'une exception sur laquelle il se réservait de prononcer. »

Cette sanction rigoureuse était nécessaire à cette époque. Nous verrons plus tard que l'on s'en est départi peu à peu à mesure que les abus ne furent plus aussi communs. Chaque temps a ses nécessités ; aujourd'hui l'administration encourage la remise des enfants aux parents qui en sont dignes, et cela dans le but très louable de réveiller chez les familles le grand sentiment du devoir.

La même circulaire, toujours pour mettre ordre aux causes si faciles d'abandon, interdit aux parents de voir les enfants qu'ils ont délaissés : « Il n'est pas moins important, dit-elle, d'obvier aux inconvénients qui résultent du peu d'obstacles que les parents des enfants exposés éprouvent à les visiter et à se procurer des renseignements sur les lieux qu'ils habitent et sur les personnes auxquelles ils sont confiés. *Les renseignements à donner aux parents qui en réclament doivent se borner à leur donner l'assurance de leur existence ou de leur décès.* »

Cette mesure est toujours en vigueur et elle est juste, car si les parents pouvaient visiter leurs enfants à leur gré, il n'y aurait plus alors abandon, mais, pour ainsi dire, mise en pension aux frais publics : cela serait trop commode assurément et l'on aurait vraiment tort de n'en pas profiter !

La circulaire du 17 novembre 1813 fut le dernier acte du gouvernement impérial au sujet des enfants abandonnés.

L'œuvre de l'Empire en cette matière peut se résumer surtout dans le décret de 1811 qui fut aussi utile à la France que toutes ses victoires et dont les effets devaient être aussi durables. Nous trouvons aujourd'hui des défauts à cette loi; n'est-ce pas surtout parce qu'elle aura bientôt un siècle d'existence et que, durant ce temps, le progrès a marché et que de nouveaux besoins se sont fait sentir? Au moment où elle parut, elle était ce qu'il y a de mieux selon qu'il est possible à l'homme de faire, et elle eut l'immense mérite d'être *la première* qui ait été rendue si complète en ce genre. Elle couronnait l'œuvre et les efforts des siècles précédents.

Une grande nation a besoin de gloire, et Napoléon en abreuva la France; mais elle a aussi besoin d'humanité, et Napoléon la satisfit encore en lui donnant sa loi de 1811 sur l'enfance malheureuse.

CHAPITRE VII

DE LA CHUTE DE L'EMPIRE A L'ANNÉE 1837

Substitutions d'enfants. — Création des colliers. — Le nombre des abandonnés s'élève à 98 000. — Considérations. — **Importante circulaire du 8 février 1823.** — Décision du 18 mai 1824 sur les comptes de tutelle. — Les abandons s'accroissent au chiffre de 122 000. — Mesures diverses. — Déplacement de tous les enfants. — Création d'une inspection des hospices. — Exemption du timbre pour les certificats de vie des enfants abandonnés. — Choléra de 1832. — Des raisons d'économie entravent le service. — Élévation du nombre des enfants abandonnés à 130 000. — On en recherche les causes. — Cette recherche fournit au ministre de l'intérieur, M. de Gasparin, l'occasion de faire un long rapport au roi, en date du 5 avril 1837. Son opinion sur les déplacements en masse. Jugement de notre époque sur cette grave mesure. — On voit poindre l'idée des secours temporaires.

Depuis la chute du premier Empire jusqu'en 1869, c'est-à-dire presque jusqu'à l'aurore de la troisième République, nous n'avons plus de lois relatives aux enfants abandonnés. Il n'y aura, durant tout ce temps, que des circulaires et des instructions ministérielles qui, quoique souvent importantes, ne seront, pour ainsi dire, que des appréciations ou des améliorations de la loi de 1811. Elles seront le coup de ciseau, la retouche de l'artiste qui ne trouve jamais la beauté de son œuvre assez parfaite.

Malgré les mesures déjà prises, beaucoup d'abus, déjà signalés sous l'Empire, existaient encore. C'est ainsi que des nourrices chargées d'enfants trouvés substituaient à ces enfants, lorsqu'ils décédaient, des enfants légitimes et continuaient ainsi à percevoir indûment leurs allocations.

Une circulaire de l'intérieur, en date du 27 juillet 1818, s'efforça de mettre ordre à cela en prescrivant les colliers. C'était le moyen que venait d'adopter le conseil général des hospices de Paris et qui paraissait alors être le plus simple et le plus sûr.

« Ce moyen, disait cette circulaire, consiste à passer au cou de chaque enfant un collier que l'on scelle avec un morceau d'étain, au moyen d'une presse dans le genre de celle des notaires. L'étain porte, pour empreinte, la désignation des hospices auxquels appartient l'enfant, l'année dans laquelle il a été exposé, et son numéro d'ordre. Le collier est serré au degré nécessaire pour ne pouvoir être enlevé à l'enfant, sans cependant le gêner pour sa croissance ; et l'on voit aisément que toute substitution est dès lors comme impossible.

« J'ai cru devoir vous donner connaissance de ce moyen et je vous prie d'inviter les commissions administratives des hospices de votre département à l'adopter pour les enfants trouvés qui sont à leur charge. Afin d'en faciliter l'usage, j'ai l'honneur de vous transmettre, avec cette lettre, deux des colliers dont se servent les hospices de Paris : l'un est frappé, et l'autre ne l'est pas. »

Mais le nombre des enfants abandonnés croissait de jour en jour ; il y en avait alors 98 000. Devant ce chiffre, certains esprits pourraient philosopher longuement sur les causes et y voir un signe d'immoralité. Il faut y voir aussi la misère. Mais alors, dira-t-on, il y avait donc moins de misère dans les siècles antérieurs ? Il y en avait tout autant ; les classes misérables ont toujours existé, mais on s'en apercevait moins sur les enfants parce que rares étaient les hospices pour les recevoir. Alors, pourra-t-on ajouter, supprimez la multiplicité de ces hospices. Non. Il faut seulement, et c'est ce qui a été fait, en régulariser le nombre. Les supprimer ne serait pas un bon moyen, car les malheureux enfants n'en seraient pas moins nombreux et l'on verrait de plus augmenter les infanticides et les avortements. On s'effraye peut-être en voyant déjà ce nombre s'élever à 98 000 ; on ne pouvait s'effrayer ainsi aux siècles précédents, car il n'y avait pas de statistique pour le dire. Or, la misère cachée et inaperçue n'en est pas moins existante. Ce n'est probablement pas le nombre des enfants misérables qui s'accroissait : il a peut-être été plus grand encore ; mais c'est que ce nombre devenait *visible* à mesure qu'on les recueillait dans les hospices pour les élever. En les recueillant ainsi on peut paraître faciliter les abandons; mais en ne les recueillant pas, les abandons existeraient quand même d'une autre manière peut-être plus épouvantable encore, car combien de ces pauvres petits êtres mourraient faute de soins, et combien d'entre eux disparaîtraient dans les fleuves ou autrement ! La grande question est donc de sauvegarder avant tout l'existence de l'enfant. Ce n'est qu'après avoir accompli ce devoir, énergiquement quoique sagement, en réprimant le plus possible les abus, que l'on a le droit de compter les dépenses si énormes soient-elles.

C'est dans cet esprit que l'on agit aujourd'hui; et c'est dans cet esprit que l'on commençait à agir alors. Nous voyons, en effet, l'importante *circulaire du 8 février 1823* venir éclairer les diverses administrations sur le service de l'enfance. Cette circulaire n'est, pour ainsi dire, qu'un long commentaire du décret de 1811, une espèce de règlement destiné à unifier la marche du service. Encore de nos jours, on se reporte à plusieurs de ses dispositions; plusieurs autres, au contraire, n'ont plus leur raison d'être.

Tout en étant, comme nous venons de le dire, un commentaire du décret de 1811, cette circulaire s'en éloigne parfois en certains points; nous ferons remarquer ceux-ci en passant.

Elle classe les enfants en trouvés et en abandonnés. Elle assimile aux enfants trouvés ceux dont les mères, après avoir fait leurs couches dans les hospices, sont reconnues être dans l'impossibilité de s'en charger. Cela fut un tort, car ces enfants, ayant une mère connue, sont incontestablement des enfants abandonnés plutôt que trouvés.

Elle assimile aux abondonnés ceux dont les parents sont détenus (cela existe toujours ainsi) ; mais, contrairement au décret de 1811, elle classe les orphelins parmi les enfants de familles indigentes, à la charge exclusive des hospices, ou secourus à domicile. (Cette disposition était regrettable et n'eut qu'un temps.)

Cette circulaire laisse le soin aux préfets de désigner un ou plusieurs hospices dépositaires dans leurs départements, sans cependant qu'il y en ait plus d'un par arrondissement.

Elle maintient l'établissement des tours.

Elle réglemente les noms et prénoms à donner aux enfants trouvés. (Réminiscence de la circulaire du 30 juin 1812.)

Elle approuve les colliers comme signes de reconnaissance et pour empêcher toute substitution.

Elle porte qu'aucun enfant abandonné ne peut être admis, s'il a atteint sa douzième année. Cela ne résultait pas du décret de 1811, et était inconciliable avec le devoir social de l'assistance à l'égard des pauvres abandonnés. La seule excuse à cette mesure était peut-être une raison d'économie. Économie malheureuse au-dessus de laquelle on a généreusement passé depuis.

La circulaire de 1823 se conforme à toutes les précédentes pour empêcher le maintien des enfants dans les hospices et ordonne de les placer en nourrice aussitôt que faire se peut.

Elle prescrit de vacciner les enfants dès leur admission à l'hospice, à moins que l'état de leur santé ne s'y oppose. Dans ce cas, les nourrices devront les faire vacciner dans les trois mois suivants, sous peine de ne pas être payées.

Elle exige sagement des nourrices un certificat du maire de leur commune constatant qu'elles sont de bonnes vie et mœurs et qu'elles sont en état d'élever les enfants; et elle les fait visiter, dès leur arrivée, par les médecins des hospices pour constater leur santé, l'âge de leur lait et sa qualité.

Elle ordonne la fréquentation scolaire.

Elle règle les layettes et vêtures jusqu'à l'âge de six ans accomplis. (Aujourd'hui, à part de rares exceptions, on accorde une vêture annuelle jusqu'à la douzième année accomplie).

Elle se conforme aux indemnités de ventôse.

Elle stipule que les nourriciers, qui ont élevé les enfants jusqu'à douze ans, les conserveront en apprentissage préférablement à tous autres.

Elle veut l'instruction morale et religieuse des enfants. Quant aux pupilles vicieux et indisciplinés, ils devront être reconduits dans les hospices où l'on prendra les mesures utiles à leur égard.

Elle insiste sur la surveillance des enfants, deux fois au moins chaque année, par des commissaires spéciaux des hospices, afin de s'assurer si les enfants sont traités avec les soins dus à leur âge et à la protection que l'État leur accorde, et si les nourrices ou autres personnes auxquelles ils sont confiés ne commettent à leur égard aucun abus. Et, pour que ces visites soient réellement utiles, il est indispensable qu'elles soient imprévues et faites à des époques indéterminées.

Elle règle les dépenses intérieures et extérieures et veut que le paiement aux nourrices soit fait sur présentation de certificats de vie.

Elle s'occupe de la tutelle, en ne faisant que transcrire de nouveau, en son entier, la loi du 15 pluviôse an XIII qu'elle trouve suffisamment claire.

Enfin, au sujet de la remise des enfants à leurs parents, comme au sujet des secrets de placement, elle se conforme au décret du 26 octobre 1813 et à la circulaire du 17 novembre suivant dont nous avons parlé plus haut.

Cette *circulaire du 8 février 1823* est très longue;

nous n'en avons donné ici qu'une courte analyse, ce qui suffit pour en faire connaître les principaux points. Comme on le voit, elle est un reflet de la loi de 1811, sauf quelques exceptions, reflet dont plusieurs dispositions ont conservé jusqu'ici toute leur force de clarté et la conserveront toujours à cause de leur droite sagesse.

Pourtant, quoique très-étendue, cette circulaire n'était pas encore complète; bien des détails y manquaient qui seront ajoutés peu à peu à mesure que l'expérience en fera sentir la nécessité. Ainsi, au sujet des comptes de tutelle des enfants, on se demanda, quelque temps après, s'ils devaient être présentés devant notaires et si quittances notariées devaient en être données par ces derniers.

Alors le Ministre de l'intérieur, ne cherchant toujours que l'intérêt des enfants, prit cette décision en date du 18 mai 1824 :

Les actes de cette espèce, comme ceux de délégation de tutelle et d'émancipation, au moins aussi importants, doivent être faits *sans frais*, attendu que l'intention du législateur a été d'éviter que la modique fortune des enfants placés dans les hospices ne fût restreinte par des frais inutiles. En conséquence, il n'y a point d'inconvénient à ce que ces comptes soient rendus directement par les commissions administratives et approuvés par les préfets en conseil de préfecture; enfin, la quittance et la décharge données sous seing privé par les enfants majeurs sont suffisantes pour mettre à couvert la responsabilité du receveur.

Cette décision a définitivement réglé la marche à suivre au sujet des comptes de tutelle à rendre aux pupilles.

Cependant, malgré tous les efforts de l'administration supérieure, beaucoup d'abus continuaient d'exister, et les abandons augmentaient considérablement. C'est ainsi que, dès 1826, on voit leur nombre s'élever à 122 000.

Cette augmentation effrayante frappa le Ministre de l'intérieur. Mais que faire après tout ce qui avait déjà été fait ? Il fallait commencer par veiller à ce que les règlements fussent exécutés d'une main ferme.

Ainsi, un grand nombre d'administrations hospitalières, arrêtées par la faible considération d'une dépense de 3oo à 4oo francs seulement, ne s'étaient pas conformées à la circulaire de 1818 au sujet des colliers à mettre aux enfants pour empêcher toute substitution. D'autres administrations ne voulurent pas apposer le collier parce que — et l'histoire rougit en rapportant ce fait — elles favorisaient les fraudes ou les commettaient elles-mêmes !

Alors, par circulaire du 20 mai 1826, le Ministre prescrivit l'apposition du collier à tous les enfants ; et, pour que les commissions administratives n'eussent plus le prétexte de la dépense, il autorisa les préfets à faire faire, sur les fonds départementaux, pour chaque hospice, une presse garnie de tous les accessoires utiles à la fabrication des colliers.

A quels détails n'est-on pas obligé de descendre quand on se trouve en butte au mauvais vouloir, même pour faire le bien !

Ce ne fut pas tout cependant. Il fallait encore imaginer autre chose ; malheureusement on imagina une mesure qui dépassa le but par l'inhumanité des

moyens et, le 21 juillet 1827, une circulaire ministérielle, constatant que le déplacement de tous les
enfants était devenu indispensable pour détruire les
nombreux abus introduits dans cette partie du service, ordonnait l'échange d'enfants d'un département
dans un autre.

Cette mesure, étant rendue publique, devait, en
dépistant les parents sur la trace de leurs enfants,
les faire réfléchir avant de consommer des abandons
qui souvent ne restaient plus tels à cause de la facilité de communiquer avec des nourriciers connus.
Les enfants furent déplacés en masse.

On aurait vraiment pu mieux inventer tout en sau-
vegardant le principe du secret des placements. On
se trompa donc; dans les annales de l'assistance,
ce fait est resté comme une page noire, et ainsi que
nous le verrons plus loin, a été à juste titre sévèrement jugé.

Un an après, le Ministre déplore toujours l'accroissement extraordinaire du nombre des enfants trouvés
et abandonnés et continue de l'attribuer aux nombreux errements qui s'introduisent sans cesse dans
l'admission des enfants et jusque dans le paiement
des dépenses.

Mais, en même temps que toutes les voix s'élè-
vent contre cet état de choses, les administrations
locales sont unanimes sur l'inutilité des efforts tentés
pour les détruire.

A quoi cela tenait-il donc? Est-ce que la belle
œuvre des enfants abandonnés, après avoir monté
si haut, tombait déjà en décadence? Non. Mais il

est nécessaire que toutes les grandes institutions ne se fondent définitivement que peu à peu, à force de lutte. L'histoire a toujours démontré cela. Il ne pouvait y avoir d'exception pour l'œuvre de l'enfance.

Continuons donc de voir l'administration supérieure gagner du terrain sans jamais se lasser.

Le 20 juillet 1828, une circulaire du Ministre de l'intérieur annonce aux préfets la création d'une inspection des hospices :

« La mission des inspecteurs, dit-elle, embrasse l'examen de toutes les parties du service des établissements de bienfaisance. Chargés d'éclairer le Gouvernement sur la situation exacte de l'administration des secours publics, de lui rendre compte des besoins et des ressources de chaque établissement, et de proposer, de concert avec les autorités locales, les mesures propres à améliorer le service et à détruire les abus, les inspecteurs ont droit d'attendre de la part de tous les administrateurs une coopération franche et sincère.

« Les commissions administratives d'hospices se convaincront, je n'en doute point, qu'il ne s'agit pas ici d'examiner avec une injurieuse défiance les actes de leur administration, mais uniquement d'exercer cette surveillance toute bienveillante qui rentre dans les obligations imposées par la tutelle que la loi attribue au gouvernement sur tous les établissements d'utilité publique. L'inspection des hospices n'a point pour but de dicter aux administrateurs leurs opérations ; mais de leur offrir, au besoin, des indications utiles, des instructions officieuses qui rappellent à leur attention les principes légaux qui doivent toujours les diriger dans leurs honorables travaux. »

Le Ministre y mettait des formes. Il se défend, en effet, d'être accusé d'*une injurieuse défiance* envers les commissions des hospices. Rien que cela ne montre-t-il pas l'état d'esprit et la difficulté du moment ? En tout cas, la création d'une inspection des hospices prouvait que le ministre conservait, sans le dire, cette défiance dans sa pensée, et les faits démontraient qu'il avait raison de l'avoir.

Il y mit des formes, mais il imposa énergiquement sa volonté : c'est ce qu'il faut toujours faire.

Ces inspecteurs avaient leur itinéraire tracé par le ministère, et les préfets étaient toujours avisés de leur arrivée.

Après cette création, les choses restent en l'état jusqu'à l'année 1832.

Dès le commencement de l'année, le 26 janvier 1832, sur une demande de la commission des hospices de Châlons-sur-Marne, le ministre décide que les certificats de vie des enfants trouvés seraient exempts du timbre. Il se fonde avec justice sur ce que déjà les certificats de vie des indigents pouvaient, par décision du Ministre des finances du 31 décembre 1827, être établis sur papier non timbré : or, les enfants trouvés ou abandonnés ne doivent-ils pas être justement considérés comme indigents ?

Durant cette même année 1832, le choléra, sévissant en France, fit de nombreuses victimes et, en jetant le deuil dans un grand nombre de familles, priva de leurs parents une quantité de pauvres enfants demeurés orphelins et sans ressources. Mais, comme on l'a vu, la circulaire de 1823 n'avait pas voulu assimiler les orphelins aux enfants abandonnés et elle les considérait comme devant être à la charge exclusive des hospices ou secourus à domicile.

Cette regrettable disposition mit alors de nombreux enfants sans asile et sans pain. La charité particulière et locale était insuffisante pour tant de besoins.

Plusieurs préfets s'en émurent et demandèrent des instructions. En conséquence, on rapporta la mesure de 1823 pour se conformer entièrement au décret de 1811, qui confie à la charité trois classes d'enfants : les trouvés, les abandonnés et les orphelins pauvres.

Ce choléra de 1832 servit donc à remettre dans l'ordre une erreur passagère; tant il est vrai qu'une loi, qui a été pesée et mûrie dans le sens de l'humanité, comme le fut le décret de 1811, voit toujours revenir à elle les hommes qui pour une raison quelconque s'en sont écartés un moment. Or, par la nouvelle application de ce décret replaçant les orphelins sous l'assistance de l'État, de nombreux enfants étaient encore une fois sauvés.

Ainsi donc, depuis la Révolution et le premier Empire, tous les gouvernements avaient pris à cœur de mettre leur pierre à l'édifice de l'œuvre de l'enfance; ceux de Louis XVIII et de Charles X y ont mis la leur; celui de Louis-Philippe y mettait la sienne en ce moment et il continuera encore.

L'année suivante, le 25 décembre 1833, le Ministre, toujours préoccupé du nombre sans cesse croissant des enfants et des abus de tous genres qui subsistent chez les commissions administratives, prend un arrêté qui rétablit l'inspection des établissements de bienfaisance.

Par une circulaire du 15 mars suivant (1834), il explique et commente cet arrêté, dans les mêmes termes, à peu près, que ceux de la circulaire du 20 juillet 1828 que nous avons citée. Cette dernière n'avait été suivie d'aucun effet, comme, du reste, celle de 1834 à laquelle nous sommes parvenus l'explique ainsi :

« Malheureusement, des motifs d'économie ont contraint de suspendre cette opération salutaire; il en est résulté que les abus ont continué à faire des progrès tellement rapides et alarmants que la sollicitude de l'administration supérieure ne saurait retarder davantage l'emploi de toutes les mesures propres à les réprimer et à en prévenir le retour. »

Les dépenses devenaient tellement considérables que c'était toujours une raison d'économie qui entravait le service.

Or, l'effet de ce nouvel arrêté sur l'inspection des établissements de bienfaisance allait encore péricliter jusqu'en 1838, époque à laquelle on établit définitivement des inspecteurs généraux.

Les préfets cependant y mettaient du leur, et celui de l'Yonne, entre autres, le vicomte de Bondy, adressa sur les services d'assistance un mémoire contenant des détails si curieux et si vrais que le Ministre, dans une circulaire du 31 juillet 1835, le communiqua comme modèle aux autres préfets en les invitant à faire de même.

Toujours, par raison d'économies, certains hospices trouvèrent bon de remplacer la fourniture des layettes et vêtures par une certaine augmentation dans la rétribution mensuelle accordée aux nourrices. Des abus encore devaient s'élever à cet égard, car, chez beaucoup de nourrices sans conscience, les enfants ne recevaient plus les vêtements indispensables. Par une circulaire du 24 décembre 1836, le Ministre mit ordre à cette espèce d'exploitation des enfants, en ordonnant de se conformer au décret de 1811 et aux instructions de 1823.

Mais le nombre des enfants abandonnés s'accroissait d'année en année. On en était arrivé à 130 000.

Quelles étaient les causes de cette effrayante augmentation ? Devaient-elles être attribuées à une corruption plus grande des mœurs publiques, ou à l'accroissement de la misère, ou bien encore au système des lois en vigueur ?

Le Ministre de l'intérieur, M. de Gasparin, dans un rapport au roi, en date du 5 avril 1837, allait se poser ces questions, mais sans trop pouvoir clairement les résoudre. Il ne trouve pas de réponse bien nette. Il se reporte aux statistiques, surtout à celle du préfet de l'Yonne dont nous avons parlé plus haut et qui avait été vantée comme un modèle ; mais les statistiques ne l'éclairent pas davantage, car il constate que leurs conclusions sont souvent contradictoires. Tant il est vrai que le temps seul dans sa marche est souvent le plus puissant auxiliaire de la réflexion, car il apporte l'expérience pour trouver les causes de bien des effets. Or, ce ne sera que plus tard, avec l'aide du temps, que l'on arrivera à connaître ces causes multiples que l'on n'était pas alors parvenu à envisager encore clairement.

Pourtant ce rapport de 1837 est d'un trop haut intérêt pour le passer sous silence dans un ouvrage historique, et il est convenable d'en donner une analyse, car il est lui-même une page d'histoire.

Il commence par faire un court résumé historique de la situation de l'enfance depuis les siècles précédents et constate que, malgré tous les secours de la charité privée, neuf malheureux enfants sur dix périssaient, avant que l'autorité publique ne fût entrée dans les voies d'organisation au sujet des enfants trouvés.

Il rapporte ensuite les diverses lois de la Révolution, entre autres celle du 28 juin 1793 qu'il qualifie d'avoir été *trop prodigue*.

Vient ensuite le décret du 19 janvier 1811 : « C'est, dit-il, le plus récent des actes législatifs sur la matière. Il embrasse, dans son ensemble, l'organisation générale de tout ce qui est relatif aux enfants trouvés et abandonnés ainsi qu'aux orphelins pauvres ; il a *véritablement créé* tout le système dans lequel l'administration doit légalement se mouvoir et se renfermer aujourd'hui. »

On ne pouvait mieux dire sur ce décret.

Le Ministre le critique cependant un peu par la suite et prétend qu'il est cause de l'augmentation croissante des enfants, en donnant aux parents l'habitude d'envisager insensiblement les hospices dépositaires comme des établissements où ils trouvent

juste de faire entretenir leurs enfants, ce qui relâche peu à peu dans le peuple les liens du devoir et de l'amour paternel.

Cela est vrai. L'habitude des abandons s'étend aussi à mesure que les exemples sont plus faciles et plus fréquents. Mais qu'y faire ? Peut-on entrer dans la conscience des parents ? Et si quelques-uns abusent des lois et trompent les administrations, doit-on en faire supporter les conséquences aux innocents ? Le bien de l'enfant : telle est, avant tout, la grande pensée qui doit nous conduire.

Ce rapport énumère ensuite d'autres causes de la multiplicité des abandons ; ces causes ont déjà été rappelées dans diverses circulaires citées plus haut : « C'est surtout la tolérance fâcheuse qui fait ouvrir très fréquemment les portes des hospices à des enfants légitimes, sous prétexte que leur sort, quand leurs parents sont dans l'indigence, mérite encore plus d'intérêt que celui des enfants naturels. »

Il en vient ensuite à parler des tours ; il les con- damne et pense à leur sujet comme nous pensons encore aujourd'hui : « On voit, dit-il, ce résultat assez bizarre, que les infanticides ont été plus nom- breux précisément dans les départements où l'on compte un plus grand nombre de tours.

« Au surplus et en fait, depuis les suppressions de tours qui ont eu lieu dans plusieurs départements depuis 1834, on n'a constaté nulle part ni plus d'in- fanticides, ni plus d'abandons sur la voie publique. »

Le tour, en effet, fut la grande erreur du décret de 1811 ; il avait été inspiré par une pensée d'huma- nité, car on n'entrevoyait rien de mieux alors. Mais peu à peu on en devait voir les conséquences. Les tours frappaient d'avance les regards de certaines mères ; et, pour la plupart d'entre elles, cet aspect et, plus encore, la facilité notoire de faire usage des tours étaient devenus une sorte de provocation.

Ce rapport ensuite constate que des économies ont été faites dans plusieurs départements et il les attribue à la mesure du déplacement. Nous avons vu plus haut cette mesure établie par la circulaire du 21 juillet 1827. Le Ministre en relate ainsi les conséquences, semblant ne prendre aucunement garde aux scènes douloureuses qui advinrent :

« La suppression des tours, dit-il, ne peut produire qu'un effet plus ou moins lent et qui ne sera guère sensible que dans l'avenir, tandis que le déplacement devait avoir et *a eu une action immédiate.*

Sur 36 493 enfants qui ont été soumis à cette mesure, 16 339, c'est-à-dire *près de la moitié, ont été retirés par leurs parents* ou par des personnes charitables qui leur étaient plus ou moins étrangères. Ils ont dès ce moment cessé d'être à la charge des départements.

« Ce transport des enfants d'un département dans un autre a été, dès le principe, attaqué par quelques personnes, comme dangereux pour la santé des enfants, et comme devant amener chez eux une mortalité qu'on aurait à déplorer. Les précautions prescrites pour l'exécution de la mesure répondaient d'avance à ces craintes, d'ailleurs, honorables. L'administration se chargeait d'une trop grande responsabilité pour qu'elle ne s'étudiât pas à en diminuer le poids.

« Aussi, en rendant compte à votre Majesté de la manière dont s'est effectué le déplacement des enfants, je suis heureux de pouvoir lui donner l'assurance qu'il n'a pas donné lieu au moindre accident fâcheux.

« On n'a déplacé que les enfants valides dont l'allaitement était terminé depuis six semaines au moins.

« C'est durant la belle saison que les transports ont été effectués.

« Des moyens de translation créés spécialement ou loués à cet effet, mais tous commodes et prompts, ont été employés avec tout le soin et la prévoyance imaginables.

« Des sœurs et des employés ont accompagné les convois.

« Des lieux de repos et les vivres nécessaires avaient été préparés à l'avance.

« Pour prévenir les erreurs de personnes et empêcher les communications indiscrètes, toutes les mesures convenables ont été prises, et ce double but a été complètement atteint.

« Au fond, les résultats de ces mesures ont prouvé jusqu'à l'évidence que l'existence des tours, en offrant trop de facilités aux abandons, les multipliait outre mesure ; que, d'autre part, le grand nombre des enfants trouvés tenait surtout aux abus des admissions et au défaut de surveillance de cette partie du service. Les déplacements, en mettant les parents dans l'alternative ou de perdre la trace de leurs enfants ou de les retirer pour les élever eux-mêmes, n'ont laissé à la charge des départements que les enfants véritablement abandonnés. »

Telle est l'opinion optimiste du gouvernement
d'alors. Citons maintenant les pages suivantes qui
ne peuvent qu'éclairer l'histoire sur cette gravé mesure des déplacements. Elles ont été écrites de nos
jours par M. H. Monod, dans le fascicule n° 48 du
Conseil supérieur de l'Assistance publique, et elles
relèvent des faits qui sont loin de concorder avec le
rapport de 1837 :

  « L'affection des nourrices pour les pupilles n'est
pas un fait nouveau. Avec quelle puissance elle éclata
lorsque le gouvernement eut recours, pour diminuer
le nombre des enfants assistés, aux effroyables pro-
cédés du déplacement des pupilles et de leur échange
entre départements ! L'on escompta alors, en faveur
des finances publiques, le déchirement des séparations et l'événement ne manqua pas de donner raison aux calculateurs. Dans le journal officiel du
temps, le ministère de l'intérieur enregistrait les résultats heureux de sa machination. En voici quelques
spécimens. Dans le Maine-et-Loire, le nombre des
enfants à la charge du département était de : 833 ;
au 31 décembre 1834 il n'était plus que de 1 101 ;
« *714 enfants avaient été gardés par les nourrices* ;
« cela permet d'espérer pour 1835 une économie de
« 80 à 100 000 francs ». Dans la Charente, « le pré-
« fet a commencé les déplacements sur les enfants
« de un à dix ans ; sur 876 qui ont été appelés, *651*
« *ont été gardés gratuitement.....* » Le service des enfants assistés comptait dans l'Allier, au 1ᵉʳ janvier
1835, 2 015 pupilles. « L'annonce du déplacement et
« son exécution ont produit le retrait de 1 087 de
« ces infortunés, dont 115 ont été réclamés par leurs

« mères; *le surplus, soit 972, ont été conservés gra-*
« *tuitement par leurs nourriciers...* La mesure n'est
« d'ailleurs pas encore entièrement exécutée dans
« l'Allier. L'année prochaine elle sera appliquée aux
« enfants de moins de deux ans. Il en résultera une
« économie de 75 000 francs au moins sur la dépense
« ordinaire. » Le rédacteur officiel poursuit sa triom-
phante énumération, citant les noms des préfets qui
ont obtenu les plus notables diminutions dans les
dépenses, et il conclut avec sérénité : « Le simple
« récit de ces faits prouve mieux que tous les
« raisonnements les avantages que présentent les
« échanges d'enfants trouvés. »

« Si les mots manquent à l'indignation pour juger
les actes sauvages qui furent commis alors, ils manquent aussi pour admirer assez la tendresse et le
désintéressement par lesquels les paysans de France
y répondirent. On assista, sur tous les points du
territoire à une explosion d'héroïsme. Dans chaque
département, ce fut par centaines que les nourrices,
plutôt que de se séparer des pupilles, les prirent à
leur charge. Le pire, c'est qu'on l'avait prévu : cette
exploitation des sentiments les plus nobles et qui
eussent dû être les plus respectés était la raison
d'être des actes ordonnés. On ne s'en cachait guère,
bien qu'on affectât de masquer l'âpreté financière et
la cruauté administrative sous un air de sollicitude
pour les pupilles et de condescendance pour les gardiens. M. le comte Corbière, dans sa trop fameuse
circulaire du 21 juillet 1827, qui reste comme une
tache sur notre histoire, avait osé écrire : « Afin de
« ne pas enlever aux enfants les avantages qu'ils

« peuvent retirer de l'attachement de leurs nourri-
« ciers, vous devrez faire annoncer que si des nour-
« riciers voulaient se charger gratuitement des en-
« fants qui auraient été jusqu'alors confiés à leurs
« soins, l'administration s'engagerait à les leur laisser
« jusqu'à l'âge de vingt et un ans, sans que ces en-
« fants puissent les quitter ni exiger d'eux aucun
« salaire jusqu'à leur majorité. »

« Le sentiment public en Europe s'est révolté
lorsque l'on a appris que dans certains cantons de
la Suisse l'on mettait les enfants trouvés à l'encan,
qu'on les livrait aux personnes qui offraient de s'en
charger au moindre prix. Le système était certes
bien condamnable; mais s'il exposait l'avenir de
l'enfant, au moins ne le frappait-il pas dans ses
attaches présentes; il ne portait pas atteinte à une
situation acquise; l'on pouvait espérer au contraire
que de la vie commune naîtrait entre lui et son gardien une affection réciproque, qui plus tard irait se
développant, et dont l'enfant abandonné profiterait
quelque jour. Ici, cette affection réciproque était
née; elle s'était développée dans les conditions les
plus touchantes, et c'est elle que l'on prenait comme
une arme pour la retourner contre le gardien, ou lui
brisant le cœur, ou le contraignant à se substituer
à l'État dans l'accomplissement du devoir d'assistance envers l'enfant. Quant à celui-ci, jusqu'à l'âge
de vingt et un ans, que le lien d'affection subsistât
ou non, on le réduisait en servage. Cela est proprement abominable.

« La révolution de 1830 n'apporta aucun changement dans l'exécution du plan conçu par le ministre

de 1827; c'est en 1835 que l'on constate que l'exécution de ce plan se généralise. Des hommes de cœur protestèrent; on se moqua d'eux. Et les pratiques barbares eussent sans doute continué, sans le cri retentissant que poussa tout à coup un poète. Ce fut Lamartine qui, témoin dans son département des faits monstrueux qui se produisaient partout, après avoir en vain lutté, pour y mettre un terme, contre ses collègues du conseil général, éleva la voix à Paris, éclaira l'opinion et vengea la conscience publique. Dans son discours sur les enfants assistés, il montra « les convois presque funèbres d'enfants « que l'on rencontrait par longues files sur les routes, « le front pâli, les yeux mouillés, les visages mornes, « semblant interroger les passants et demander à quel « supplice on les menait », les suicides précoces d'enfants déplacés « qui, ne pouvant supporter l'angoisse de ces séparations, se sont précipités dans « le puits de la maison ou dans l'étang du village ». Il montra la pauvre mère indigente « courant de chez « elle chez le maire, de chez le maire à la préfec-« ture, pour faire révoquer l'ordre inflexible; livrant « quelquefois l'enfant, puis se repentant, et courant « à pied jusqu'à vingt ou trente lieues après lui pour « le redemander et le rapporter dans ses bras ». Il dénonça une « législation meurtrière », une « admi-« nistration sans entrailles », une pratique qui « de-« viendrait un crime national et la honte de l'épo-« que ». Il trouva ainsi pour flétrir les bourreaux et pour glorifier les martyrs des accents d'une éloquence enflammée. J'emprunte deux pages à cet admirable discours; ce n'est pas peu de choses que

le témoignage d'un Lamartine en faveur du paysan
français, qu'il connaissait bien, pour l'avoir beaucoup
pratiqué, et en faveur du service des enfants assistés,
qu'il connaissait bien aussi, pour l'avoir étudié de
très près. L'on reconnaîtra sans peine que sur les
deux points, l'opinion de ce grand homme ne diffère
pas de celle de nos modestes inspecteurs.

« L'enfant grandit ; il a partagé le lait de la mère,
« le pain des enfants. La modique pension que l'hos-
« pice paie pour son entretien est un supplément à
« la richesse de la pauvre famille adoptive, qui fait
« accepter sa présence comme un bienfait. Il est
« bientôt considéré comme un enfant de plus, comme
« un frère de plus dans la maison, dans le village.
« Nul préjugé flétrissant ne s'y attache à sa condition
« d'illégitimité. On l'a oubliée, il l'a oubliée lui-même.
« Il a grandi avec toute la génération contemporaine
« du pays ; il a été au travail, aux champs, à l'école,
« à l'église avec elle. L'instituteur l'enseigne, le curé
« le catéchise ; il mange à la table de son père nour-
« ricier ; il est riche de sa récolte ; il se marie dans le
« pays, soit avec une de ses sœurs de lait, soit avec
« la fille d'un cultivateur du hameau voisin, à laquelle
« il apporte en dot la richesse du paysan, un métier
« appris, ou des bras exercés au travail de la terre.
« Il recrute ainsi cette race saine et forte des cul-
« tivateurs, dont l'insatiable cupidité de nos villes
« manufacturières dépeuple de plus en plus nos
« campagnes, et, d'une source impure ressort ainsi
« une population rajeunie, laborieuse, qui rend chaque
« année douze ou quinze mille laboureurs à notre
« agriculture, épuisée d'hommes.

« Les mêmes résultats ont lieu en ce qui concerne
« les filles.

« Ceci n'est point une fiction, une utopie; c'est
« ce qui se passe ou plutôt ce qui se passait sous
« vos yeux sur toute la surface de la France, dans
« ces nombreux villages dont la nourriture des en-
« fants trouvés est l'utile et pieuse industrie. Voilà à
« quel point de perfection était arrivé un système
« où le génie chrétien et l'esprit administratif de la
« Révolution française s'étaient rencontrés et secon-
« dés dans une des plus belles œuvres qui pût con-
« soler et honorer l'humanité. Cela coûtait neuf mil-
« lions à un budget départemental et à un budget
« de l'État qui se dénombre par milliard, et ces
« neuf millions enlevés à l'impôt étaient rendus sous
« une autre forme au pays, et portaient l'aisance et
« les bonnes mœurs dans trente-trois mille familles
« de cultivateurs indigents.

« Eh bien! il faut dire à ces enfants qui ont déjà
« de trois à dix ans, à ces pères nourriciers qui ont
« oublié que ces enfants ne sont pas à eux: « Vous
« étiez des pères pour ces orphelins; vous, enfants,
« vous étiez des fils pour ces familles; l'habitude,
« la reconnaissance, la certitude de vivre à jamais
« ensemble, vous avaient inspiré une consanguinité
« presque aussi forte que celle de la nature : brisez
« violemment tout cela; séparez-vous. La loi vous
« punira de l'amour que vous aurez conçu les uns
« pour les autres. Vous, enfants, on vous enverra à
« un autre père! Vous, mère, on vous jettera un
« autre enfant! »

..... « Vous dites que ce sont des pères et des

« mères qui retirent ces malheureux enfants au mo-
« ment où vous menacez de les exporter ? Non, ce
« ne sont pas des pères et des mères. Savez-vous qui
« c'est ? Je vais vous le dire, parce que je l'ai vu,
« parce que je l'ai compté, parce que mon cœur
« s'en soulève encore tous les jours d'indignation
« contre vous, de pitié et d'admiration pour le peuple
« des campagnes. Ce sont d'abord quelques pauvres
« ouvrières, quelques filles séduites qui, placées
« entre le désespoir de perdre à jamais leur enfant
« de vue et la honte, préfèrent la honte, et retirent
« l'enfant sans savoir comment elles pourront l'éle-
« ver; enfants que vous verrez augmenter un jour
« le nombre de vos prolétaires flottants, et agiter
« vos villes au lieu de féconder vos campagnes. Ce
« sont ensuite quelques personnes charitables qui,
« témoins du déchirement de cœur des nourrices, à
« qui on va enlever leur nourrisson et la pension
« de l'hospice, leur disent : « Gardez l'enfant et
« nous payerons les mois. » Ce sont enfin, ce sont,
« en nombre immense, les familles indigentes elles-
« mêmes qui, ne pouvant se résoudre à se séparer
« des enfants qu'elles ont nourris, se décident à les
« garder sans salaire ! C'est-à-dire que cette aumône
« sacrée de l'État que la propriété devait faire, ce
« sont les pauvres laboureurs, ce sont les indigents
« qui la font pour vous ! Oui, j'en suis témoin tous
« les jours, ce sont les pères et mères nourriciers,
« qui, placés entre la perte du salaire ou la perte de
« l'enfant, résistent d'abord quelques jours, feignent
« de vouloir livrer l'enfant à l'administration, puis,
« quand vient le moment de la séparation, sentent

« leur cœur faillir, et le rapportent, en pleurant, à
« la maison, partager le pain de la pauvre famille.
« Quel exemple et quelle leçon ! Eh bien ! voilà vos
« chiffres expliqués ! Voilà les chiffres dont vous
« triomphez ! C'est le chiffre des vertus de ce pau-
« vre peuple, qui a plus d'âme que vous ! C'est le
« chiffre de votre avarice et de votre dureté de
« cœur[1] ! »

Après avoir mis au point cette question historique
en relatant l'opinion du ministre d'alors et le jugement qui en a été porté par la suite, revenons au
rapport de 1837.

Ce document entre ensuite dans des vues générales qu'il propose de peser avec une sage maturité.
On y voit déjà l'idée des secours temporaires qui ont
force de loi aujourd'hui et qui sont établis pour
prévenir les abandons. Cette question est si intéressante, que l'histoire ne doit pas omettre une page
que l'on dirait avoir été écrite après la création
même de ces secours, tant elle est claire et, pour
ainsi dire, pleine d'actualité. Voici donc toutes en-
tières ces vues du ministre de 1837 par lesquelles il
termine son long rapport :

« Que les hospices d'enfants trouvés soient nécessaires, c'est ce qui ne saurait être contesté, surtout
dans les grands centres de population ; mais il n'est
pas non plus douteux que leur existence n'exerce
une action démoralisante.

« L'exemple de l'abandon des enfants est conta-

---

1. Lamartine, *Discours sur les enfants trouvés,* 3o avril 1838.

gieux; la société favorise les expositions en les rendant trop faciles: elles cessent d'être un délit aux yeux de la masse, et deviennent une habitude qui entre peu à peu dans les mœurs du peuple. C'est évidemment ce qui est arrivé depuis 1811. Il faudrait donc, avant tout, s'attacher à neutraliser les effets de cette funeste habitude. La débauche peuple sans doute les hospices d'enfants trouvés; mais la misère est aussi l'une des causes les plus fréquentes des abandons.

« Si la mère pouvait nourrir son enfant, si, au moment de sa naissance, elle n'était pas souvent dépourvue du plus strict nécessaire, elle se déterminerait difficilement à l'abandonner.

« Si la femme, véritablement indigente, avait l'espoir d'obtenir un secours alimentaire qui lui permettrait d'élever son enfant pendant les premiers temps, elle le garderait et ne s'en séparerait plus. Ce n'est pas après lui avoir donné son lait et ses soins pendant un an ou deux qu'une mère consent à mettre son enfant à l'hospice; la plupart des expositions ont lieu dans les premiers mois de naissance.

« Il s'agirait donc de remplacer, par un bon système de secours à domicile pour la mère, le secours que l'on donne aujourd'hui à l'enfant dans l'hospice; il s'agirait de payer à la mère les mois de nourrice qu'on paye actuellement à une nourrice étrangère.

« Comme économie, ce système aurait un avantage incontestable : car en supposant qu'on payât pendant deux ans des mois de nourrice à la mère, le département n'aurait plus l'enfant à sa charge pendant les dix années suivantes, comme dans l'état actuel des choses, où, d'après le décret de 1811, il doit supporter la dépense jusqu'à l'âge de douze ans.

« Comme résultat moral, il n'est pas besoin de faire observer combien il y a d'importance à ne pas séparer l'enfant de la mère, et à ne pas briser le lien de famille au grand préjudice de tous deux.

« Ce système semble, en effet, présenter un premier aperçu des avantages qui doivent, sans doute, en recommander l'examen sérieux à l'attention du gouvernement; mais n'ouvrirait-t-il pas la porte à quelques abus, en encourageant toutes les mères à réclamer les secours alimentaires? N'y aurait-il pas à redouter de retomber dans tous les inconvénients de la législation de l'an II? Il est vrai que la législation de l'an II rendait le secours obligatoire; qu'elle en faisait une espèce de prime, en raison du nombre d'enfants donnés au pays. Or, rien de semblable n'existerait dans la mesure dont il s'agit: les secours ne seraient accordés qu'à l'indigence bien constatée, et il suffirait de quelque surveillance pour empêcher les abus. Quoi qu'il en soit, c'est, je le répète, une question grave, sur laquelle des essais récemment tentés, notamment par l'Administration des hospices de Paris, pourront fournir d'utiles renseignements.

« ..... Quelques autres mesures accessoires pourraient concourir au but avoué de rendre les expositions plus difficiles. Ainsi, il serait utile d'intéresser l'affection des parents à ne pas abandonner leurs enfants, par les obstacles que la législation apporterait à leur remise ultérieure. Si les parents avaient la certitude qu'en exposant leur enfant à l'hospice, non seulement il leur sera impossible de suivre sa trace, mais qu'ils perdent définitivement tous droits sur lui, si ce n'est en vertu d'un jugement qui leur rende la tutelle, ils hésiteraient davantage à commettre le délit d'exposition.

« Enfin, ces mesures devraient être complétées par un règlement dont on manque aujourd'hui. Il déterminerait les bases et les conditions de l'éducation des enfants qui, véritablement trouvés ou abandonnés, doivent demeurer à la charge de la bienfaisance publique ; car il ne faut pas oublier non plus que si les enfants trouvés sont une plaie vive et profonde pour les départements, et s'il faut s'efforcer d'en restreindre le nombre, il ne convient de proscrire que les abus, sans oublier jamais ce que l'État doit aux enfants eux-mêmes. A leur égard, c'est un devoir de tutelle.

« Je n'ai pas besoin, Sire, d'insister davantage sur ces observations. Je ne les présente point comme des idées arrêtées, mais seulement comme des réflexions que le temps doit mûrir, et surtout comme un témoignage public que le gouvernement de Votre Majesté s'occupera de satisfaire aux vœux exprimés par les conseils généraux pour la revision de la législation des enfants trouvés et abandonnés. »

Telle est cette circulaire dont l'importance ne peut échapper à cause de son étendue et de la multiplicité des questions qu'elle traite. Cependant, au point de vue philosophique, elle ne nous donne pas de conclusions bien nettes au sujet des causes de l'augmentation incessante des abandons d'enfants.

Au point de vue historique, elle juge à sa manière les résultats des déplacements en masse que nous jugeons tout autrement aujourd'hui.

Mais c'est au point de vue des secours qu'elle devient la plus intéressante ; elle devine déjà l'utilité que pourraient avoir les secours temporaires pour aider la mère à élever son enfant, et, en réveillant son amour maternel, empêcher l'abandon.

Et, par cela même qu'elle en a deviné l'utilité, ne peut-elle pas être considérée comme le point de départ, quoique lointain encore, de ces secours temporaires qui devaient prendre plus tard une si grande extension ? N'est-elle pas intéressante, en effet, cette vision anticipée des bienfaits que pourraient un jour procurer ces secours intelligemment donnés ? N'était-ce pas comme une aurore nouvelle que le Ministre semblait déjà apercevoir sur le service de l'enfance ?

Cependant cette aurore n'était encore qu'un point rose au fond de l'horizon : elle se lèvera et montera peu à peu dans le ciel ; mais elle mettra cependant trente années à se dégager entièrement du rêve pour planer, consacrée enfin par une loi, dans le plein jour de la réalité.

CHAPITRE VIII

DE 1838 A 1843

Toujours des abus. — Répugnance des hospices à vouloir accepter
l'inspection des établissements de bienfaisance. — Leurs mur-
mures. — Le ministre y répond par une mesure plus décisive :
Création des Inspecteurs généraux : Arrêté du 24 août 1838. —
Cette mesure entraîne celle de la **création des Inspecteurs départementaux : Circulaire du 12 mars 1839** à ce sujet. — **Arrêté du
14 juin 1839 relatif aux attributions et devoirs des Inspecteurs
généraux.** — Sollicitude de l'autorité supérieure pour l'enfance :
Circulaire du 31 janvier 1840. — Rectification de plusieurs points
défectueux : Circulaire du 13 août 1841. — Encore des substitutions d'enfants. — Essai du remplacement des colliers par des
boucles d'oreilles. — Il faut sauvegarder l'amour-propre des enfants abandonnés.

Des abus ! des abus ! Tel était, depuis vingt-cinq
ans, le cri de chacun des ministres qui se succédaient
au pouvoir. Et cependant, malgré bien des efforts,
l'état des choses semblait ne pas s'améliorer.

Ces abus, nous les avons déjà signalés plusieurs
fois et il est inutile de les répéter encore. Leur cause
résidait surtout dans l'administration mauvaise ou
trop faible des commissions hospitalières pas assez
contrôlées.

Celles-ci s'administraient elles-mêmes avec d'autant plus d'indépendance que c'étaient les hospices
qui supportaient une grande partie des dépenses.
Aussi virent-elles avec répugnance la création d'une
inspection des établissements de bienfaisance telle
que nous l'avons rapportée par les circulaires des

20 juillet 1828 et 25 décembre 1833. Elles s'y soumirent cependant forcément, car l'État, participant aux dépenses, avait sans conteste le droit de contrôle.

Quoique cette inspection ne fût pas encore établie sur une grande échelle, faute de ressources suffisantes, elle obtint cependant plusieurs résultats assez importants pour démontrer l'utilité de sa création.

Malgré cela, les commissions des hospices, hostiles et mécontentes, attaquèrent les moyens mis en œuvre pour obtenir ces résultats, dont le principal avait été de diminuer la facilité des abandons. Elles protestèrent et trouvèrent des échos naturellement chez les nourriciers et les parents. Partout on murmura.

Tout en reconnaissant que les résultats économiques avaient été incontestables et s'étaient traduits en chiffres positifs, on trouva, et cela malheureusement avec raison, qu'ils avaient été achetés au prix de la vie des enfants ou de leur avenir moral ; qu'en effet, des liens de famille, formés depuis longtemps entre les enfants et leurs nourriciers, avaient été violemment brisés par les déplacements ; qu'une mortalité considérable, à laquelle le suicide même n'était pas étranger, avait accompagné et suivi cette mesure, effectuée d'ailleurs avec dureté et sans les précautions que l'humanité commandait ; que la suppression de certains dépôts, en rendant les expositions plus difficiles, avait multiplié les infanticides et les abandons dans des lieux solitaires, etc., etc...

Ces accusations étaient graves et les plaintes éclataient hautement dans toutes les parties du royaume.

Le Ministre se préoccupa de ces accusations, mais il sembla ne pas s'en émouvoir.

Il y répondit enfin par une mesure plus décisive. Les hospices critiquaient et attaquaient l'inspection des établissements de bienfaisance quoiqu'elle ne fût pas encore bien étendue! C'est que celle-ci avait du bon et les gênait. Il fallait donc sans crainte l'étendre davantage et c'est alors que parut l'arrêté du 24 août 1838 qui créait les inspecteurs généraux:

> Nous, Pair de France, Ministre secrétaire d'État au département de l'intérieur :
> Vu, etc., etc.....
>
> Arrêtons ce qui suit :
>
> Article premier. — Les inspecteurs des services de bienfaisance prendront le titre d'inspecteurs généraux des établissements de bienfaisance.

. . . .

Cet arrêté contient douze autres articles relatifs à l'organisation de ce service. Nous verrons, dans quelques mois, un nouvel arrêté réglant les attributions et les devoirs de ces fonctionnaires : nous en reparlerons alors plus longuement.

Le Ministre de l'intérieur, M. de Montalivet, en créant ainsi les inspecteurs généraux, allait faire entrer le service de l'enfance dans une importante direction de réformes.

Pour prévenir les multiples abus existants auxquels il était d'autant plus difficile de remédier que tout variait avec les divers modes d'administration des différents hospices, il fallait une unité de direction qui maintînt tout, par les mêmes voies, vers un même but.

Un service doit être uniforme ; c'est par l'uniformité que l'autorité dirigeante peut voir clair et tracer, en connaissance de cause, la route à suivre. Or, pour arriver peu à peu à unifier le service des enfants abondonnés, il n'y avait certainement rien de mieux que de faire partout rayonner des inspecteurs généraux qui, recevant leurs instructions du Ministre lui-même, allassent relever les abus et donner eux-mêmes des instructions précises et partout semblables, puis revinssent éclairer sur la situation du service l'autorité centrale qui saurait alors sérieusement comment agir avec opportunité.

L'année 1838 vit donc un grand progrès se faire par cette création des inspecteurs généraux ; elle fait époque dans les annales du service des enfants abandonnés à cause des résultats qui devaient s'ensuivre.

Comme nous l'avons vu, dans le chapitre précédent, rien, depuis le décret de 1811, n'avait été créé de très important ; on avait pris des mesures de détails, on avait déploré beaucoup d'abus, on avait entrepris bien des essais, mais on n'avait, pour ainsi dire, fait aucune création nouvelle ou bien précise.

En un mot, on avait peu avancé.

Or, on avançait aujourd'hui, et l'arrêté du 24 août 1838 faisait faire un grand pas en avant.

Ce pas devait être suivi bientôt d'un autre pas au moins aussi important et qui en était la suite naturelle : en effet, après les inspecteurs généraux, on devait avoir, comme conséquence, l'idée d'inspecteurs départementaux, aides et collaborateurs nécessaires des premiers. Le tout s'enchaîne.

Il est vrai de dire que plusieurs préfets avaient

déjà soumis cette idée au Ministre en lui demandant l'autorisation de créer, dans leurs départements respectifs, des inspecteurs du service des enfants trouvés. Cette autorisation leur fut accordée à titre d'essai, et les résultats en furent très satisfaisants. Aussi le Ministre, toujours M. de Montalivet, résolut-il de consacrer définitivement cette mesure en l'étendant à tous les départements et, dès *le 12 mars 1839*, il adressa aux préfets une circulaire relativement à la *création des inspecteurs départementaux*.

Voici quelques passages de cet intéressant document qui dorénavant servira de règle de conduite à tous les inspecteurs départementaux, même quand ceux-ci, cessant d'être rétribués par les départements, deviendront, comme ils le sont aujourd'hui, fonctionnaires de l'État :

« Monsieur le Préfet, plusieurs de vos collègues ont, depuis quelques années, demandé l'autorisation de créer, dans les départements qu'ils administrent, des inspecteurs du service des enfants trouvés.

« Mes prédécesseurs et moi nous avons adhéré à cette demande ; ces inspecteurs ont été établis dans beaucoup de départements, et l'expérience a justifié qu'on ne s'était pas trompé sur les heureux effets qu'on avait pensé devoir attendre de cette institution.

« Ces résultats satisfaisants m'ont fait juger qu'il convenait d'étendre la même mesure à tous les départements et je viens la recommander à votre sollicitude.

« Je vous invite donc, Monsieur le Préfet, à procéder sans retard au choix et à la nomination d'un inspecteur, dans votre département; ou, si déjà vous en aviez établi un pour le service des enfants trouvés, à comprendre dans ses attributions les hospices, les bureaux de bienfaisance et les divers établissements analogues.

« Ce n'est là, au surplus, qu'une extension d'attributions qui ne devra cependant, en aucune manière, changer le caractère de ces inspecteurs, qui, avant tout, sont institués pour accomplir l'obligation que le décret du 19 janvier 1811 (article 14) impose à l'administration, de faire inspecter plusieurs fois par an les enfants trouvés et abandonnés placés en nourrice ou en pension.

« Je n'ai pas à vous donner d'indications particulières pour le choix des hommes à qui vous devrez confier les fonctions d'inspecteur; il ne vous échappera point que, pour être utilement remplies, ces fonctions demandent des hommes actifs, mais graves, et qui aient assez de fermeté de caractère pour ne point se laisser entraîner aux influences locales. Les inspecteurs départementaux auront toujours, j'en suis certain, pour les membres des commissions administratives, les égards et la confiance que j'aime à croire qu'ils trouveront eux-mêmes auprès de ces administrateurs.

« L'inspection départementale se liera d'ailleurs fort utilement à l'inspection générale des services de bienfaisance. Ainsi, par exemple, à son arrivée dans un département, l'inspecteur général chargé d'en visiter les établissements charitables, trouvera, dans l'inspecteur particulier un collaborateur instruit dont l'expérience et les connaissances locales lui seront

fort précieuses pour l'accomplissement de sa mission. A cet effet, il sera convenable, Monsieur le
Préfet, que vous donniez à ce dernier agent des
instructions pour qu'il se mette à la disposition de
l'inspecteur général, et qu'il l'accompagne même
dans les établissements où cela pourrait être jugé
nécessaire.

« L'inspecteur départemental vérifiera tout ce qui
est relatif à l'administration et aux comptabilités en
deniers et en matières ; il rappellera les règles prescrites par les lois, les ordonnances et les instructions de l'autorité supérieure ; il s'attachera à maintenir ou à rétablir partout l'ordre et l'économie ; il
vous signalera les abus, cherchera à en découvrir les
causes, et vous soumettra les mesures qu'il croira
les plus propres à y mettre un terme. Il s'attachera
surtout à résister aux écarts de cette charité exagé-
rée et imprévoyante qui tend sans cesse à mettre à
la charge de la société des enfants qui ne doivent
pas y être placés.

« Il ne laissera pas ignorer aux administrations
hospitalières les dispositions prescrites par les lois
et règlements contre les comptabilités occultes.

« L'inspecteur se rendra souvent dans les lieux
où les enfants trouvés ou abandonnés ont été placés ; il s'assurera de leur existence et de leur iden-
tité ; il vérifiera si les nourrices ne remettent pas à
d'autres femmes les nourrissons qu'elles ont obtenus ; si elles sont munies de leur livret ; si elles sont
exactement payées par les percepteurs, sur la représentation d'états de vie réguliers. Il veillera à ce que
les enfants reçoivent toujours les soins convenables ;

à ce qu'ils soient vaccinés ; à ce que, dans leurs maladies, ils soient visités par des médecins ; à ce qu'ils soient élevés, autant que possible, dans des principes de religion et de morale, à ce qu'ils n'aient que de bons exemples sous les yeux. Lorsque les enfants seront plus grands, l'inspecteur devra encore continuer d'exercer sur eux une exacte surveillance, et s'assurer que les commissions administratives remplissent à leur égard, et jusqu'à leur majorité, les devoirs que leur imposent les lois, et particulièrement celle du 15 pluviôse an XIII.

« La mission de l'inspecteur est d'examiner, de recueillir des faits, de vous les signaler dans les rapports qu'il vous transmettra, en y joignant ses observations et son avis ; mais il devra recourir à votre autorité pour toutes les mesures qu'il sera utile de prendre, et c'est à vous seul qu'il appartiendra de statuer définitivement sur ce qu'il sera convenable de prescrire, ou de recourir à mon autorité lorsqu'il deviendra nécessaire de l'employer.

« De retour de son inspection, et après vous avoir référé de tout ce qu'il aura vu, il pourra, dans vos bureaux, suivre l'effet des mesures que vous aurez adoptées, et participer lui-même à la rédaction de vos instructions aux autorités locales. Vous aurez ainsi dans cet inspecteur un auxiliaire utile pour les travaux de cabinet, dans l'intervalle de ses tournées, et il sera d'ailleurs aussi constamment à votre disposition pour les missions extraordinaires que vous aurez à lui confier.

« Vous aurez soin, Monsieur le Préfet, de notifier la nomination de l'inspecteur, et toutes les dispositions que vous arrêterez, aux receveurs et aux administrations qu'elles concerneront. Vous rappellerez, en même temps, à ces dernières que l'inspection des hospices n'est point instituée dans la vue de leur dicter leurs déterminations ou de contrôler arbitrairement leurs actes, mais qu'elle a au contraire pour objet de leur offrir, au besoin, des indications utiles, des instructions officieuses, qui retracent à leur souvenir les principes légaux dont l'observation doit les diriger dans leurs honorables travaux. Toutefois, vous prêterez toujours, avec l'énergie convenable, tout l'appui nécessaire à l'inspecteur pour faciliter l'accomplissement de sa mission, et pour la rendre fructueuse et complète : vous seconderez également ses efforts par vos lumières et par votre autorité. »

Cette précieuse circulaire renferme des instructions sages dont les inspecteurs départementaux doivent toujours utilement faire leur profit.

On peut remarquer que, dans les dernières phrases de ce document, le Ministre faisait en sorte de ménager la susceptibilité des commissions hospitalières qu'il savait être hostiles à cette création d'inspection qui devait les contrôler. Or, aurait-il eu à prendre de telles précautions si le mal et les abus n'avaient pas réellement existé ? Il essayait cependant de ne pas trop froisser ces commissions, tout en n'ignorant pas qu'elles demeureraient mécontentes longtemps encore. Aussi, tout en paraissant les ménager, il en appelle, d'un autre côté, à l'énergie des préfets pour soutenir les inspecteurs contre une hostilité qu'il prévoyait bien ne pas devoir désarmer de sitôt.

Du reste, cette énergie qu'il recommandait ainsi aux autres, le Ministre l'avait lui-même, et il la montra bientôt, par son esprit de suite, en revenant aux inspecteurs généraux.

Nous avons vu que ces derniers avaient été créés par l'arrêté du 24 août 1838. Cet arrêté devait, moins d'un an après, recevoir son perfectionnement par un nouvel arrêté, en date du 14 juin 1839, qui règle les attributions et les devoirs des inspecteurs généraux.

Voici quelques-uns de ses principaux articles :

Article premier. — Les inspecteurs généraux sont chargés :

De vérifier les comptabilités, espèces et matières des hôpitaux, des hospices, des bureaux de bienfaisance et de tous autres établissements publics de bienfaisance, dans toute l'étendue du royaume ;

De porter leurs investigations sur toutes les parties de l'administration de ces mêmes établissements ;

D'examiner toutes les parties du service des enfants qui sont à la charge des départements ou des hospices.....

Art. 2. —Ils réclament l'exécution des lois, des règlements et des instructions ministérielles.....

Art. 4. — Les inspecteurs généraux ne rendent compte de leur mission qu'au ministre. Ils font connaître aux préfets les abus qu'ils ont découverts ; et, dans les cas graves et urgents, ils les signalent par écrit à ces magistrats.....

Art. 7. — A leur retour à Paris, ils feront l'analyse succincte de chacun de leurs rapports. Une copie de cette analyse sera remise à l'inspecteur général qui visitera plus tard les mêmes établissements, afin de rattacher les travaux de la nouvelle tournée à ceux des tournées précédentes.....

Art. 27. — Les titres d'admission des enfants trouvés et abandonnés seront examinés par les inspecteurs généraux qui réclameront des préfets la radiation des enfants indûment admis à la charge des départements.....

Art. 29. — La fixation des mois de nourrice et pensions

devra éveiller l'attention des inspecteurs. Ils s'assureront que
les hospices ne bénéficient pas sur l'allocation départementale..... Ils devront rechercher si les hospices fournissent des
layettes et des vêtures aux enfants.....

Art. 31. — Ils s'assureront si les enfants sont mis en nourrice ou en sevrage aussitôt après leur arrivée à l'hospice ;
s'ils sont mis en pension chez des cultivateurs ou chez des
artisans et si des contrats d'apprentissage sont passés à ce
sujet. Ils rechercheront enfin si les enfants qui ne sont pas
dans les hospices ne se livrent pas à la mendicité.

Cet arrêté s'étend longuement sur les opérations
des inspecteurs généraux au sujet de la vérification
de la comptabilité-espèces, de la comptabilité-ma-
tières et de la bonne exécution des règlements d'administration intérieure. Nous n'en avons reproduit
ici que les principaux articles se rapportant plus
spécialement à l'unique sujet de cet ouvrage, l'enfant.

L'enfant, c'est-à-dire ce qu'il y a de plus délicat
à cause de sa faiblesse même, aura donc toujours et
sous tous les gouvernements, depuis près de deux
siècles, excité la commisération et la sollicitude de
l'autorité supérieure.

Cette sollicitude ne fait que croître à mesure que
l'on avance ; et dans une circulaire du Ministre de
l'intérieur, M. Duchâtel, en date du 31 janvier 1840,
on lit ces paroles et cesconseils :

« Le sort de ces malheureux enfants les rend bien
dignes de l'intérêt et des soins des administrations
préposées à la direction des hospices. Mais ce n'est
pas tout que de les secourir matériellement, il faut
surtout chercher à les mettre à même de se créer
des ressources pour l'avenir, et de devenir des mem-

bres utiles de la société. Ils peuvent et doivent recevoir dans l'hospice l'instruction élémentaire, s'ils ne peuvent pas, d'ailleurs, être conduits à l'école communale. Il convient de les faire travailler, quand ce ne serait que pour les y habituer, et lors même que l'établissement ne retirerait aucun profit de leur travail. Je reviendrai sur ce qui concerne les ateliers.....

« La charge extrêmement pesante que les enfants trouvés et abandonnés occasionnent aux hospices dépositaires doit engager les commissions administratives de ces établissements à chercher tous les moyens propres à la diminuer, sans négliger l'exécution des lois qui leur ont attribué cette tâche pénible, et l'accomplissement des devoirs que leur impose la position de ces malheureuses victimes de la misère et des mauvaises passions.

« Les instructions qui vous ont été précédemment adressées, sur les moyens à prendre pour prévenir ou réprimer les abus qui peuvent s'introduire dans ce service me dispensent d'entrer ici dans des explications nouvelles à ce sujet.

« Je rappellerai seulement, en ce qui concerne le service intérieur, qu'il faut conserver le moins possible d'enfants dans les hospices ; ils doivent être placés à la campagne jusqu'à douze ans, s'ils sont bien portants ; et quant à ceux qui sont assez infirmes pour que les nourriciers ne veuillent pas les garder, moyennant le salaire payé par le département, il sera probablement facile, dans beaucoup de cas du moins, de faire conserver ces enfants, moyennant une légère augmentation du prix de la pension. Cette dépense serait une économie pour

l'hospice dépositaire, car elle n'équivaudrait assurément pas aux charges du séjour de ces enfants dans
l'établissement charitable.

« Le placement des enfants trouvés et abandonnés
chez des cultivateurs ou chez des artisans est encore
un objet fort important pour eux comme pour les
hospices. Placés chez des cultivateurs, ils y resteront
sans doute à leur majorité, s'ils y ont été conservés
jusqu'alors ; et leur sort sera assuré de la manière la
plus honorable, par le travail. Mis en apprentissage
chez des ouvriers, ils y acquerront l'indépendance,
puisque avec un métier ils pourront se suffire partout.

« Il est plus difficile de placer les filles que les
garçons ; et les devoirs spéciaux que leur sexe impose aux administrations charitables sont fort déli-
cats ; mais, outre que, pour un certain nombre, la
maison de leurs nourriciers peut continuer à être
pour elles un asile sûr, et que, pour d'autres encore,
les sœurs qui en sont chargées peuvent aisément les
placer dans d'honnêtes maisons, c'est surtout pour
les filles que les ateliers établis dans les hospices
doivent être une utile ressource. Il faut toutefois
prendre garde que, comme cela a lieu quelquefois,
le désir de conserver des ouvrières ne porte à conserver trop de jeunes filles dans l'établissement, au
préjudice de leur bien-être futur. »

Puis, s'inspirant des pensées du long rapport de
1837 dont nous avons parlé à la fin du chapitre
précédent, le ministre ajoute ces lignes qui montrent
que l'idée d'accorder des secours temporaires, pour
prévenir les abandons, faisait déjà son chemin :

« Un autre inconvénient très grave est produit

par l'habitude qui s'est établie, dans les hospices où les femmes sont admises à faire leurs couches, de garder leurs enfants, dès qu'elles veulent les abandonner. L'indigence et la maladie ne disposent que trop facilement les malheureuses mères à méconnaître les devoirs de la nature.

« Depuis deux ans, l'on a tenté avec succès, à Paris, de s'opposer à cet abus; bien plus assurément dans l'intérêt de la morale et des bonnes mœurs que dans celui d'une économie qui, toute légitime qu'elle pourrait être en principe, serait odieuse dans ses résultats, dès qu'elle tendrait à tarir la source de secours reconnus nécessaires. Loin de laisser les mères se livrer à ce que leur inspire la honte quelquefois, et plus souvent la pauvreté, on ne garde leurs enfants que lorsqu'elles l'exigent formellement. Mais beaucoup cèdent aux bons conseils, à la voix de la nature; et, lorsqu'on les a amenées à donner le sein à leurs enfants, il faut les motifs les plus sérieux pour qu'elles ne consentent pas avec empressement à les garder. Beaucoup s'y décident, en recevant un secours en argent qui les met à même de pourvoir aux besoins des premiers moments, en attendant que leur santé leur permette de reprendre leur travail.

« Les secours à domicile, qui sont les plus utiles quand ils sont bien administrés, empêcheront beaucoup de femmes indigentes de recourir aux établissements hospitaliers, et de s'exposer à la tentation d'y laisser leurs enfants. »

Ensuite, passant des conseils aux mesures d'amélioration, le Ministre, par une circulaire du 13 août

1841, invite les préfets à rectifier plusieurs points défectueux.

Ainsi, depuis le décret de 1811, les tarifs des mois de nourrice et pensions des enfants abandonnés n'avaient subi aucune modification ; et cependant trente années s'étaient écoulées depuis lors, et, durant ce temps, les diverses denrées avaient augmenté de prix et le signe monétaire avait subi une dépréciation assez sensible. Il en résultait que, dans beaucoup de localités, les prix payés pour la nourriture et l'entretien des enfants étaient devenus insuffisants ; alors, à cause de la modicité de ces prix, on ne pouvait plus exiger toutes les garanties désirables pour le bon placement des enfants dont les familles indigentes seules consentaient à se charger ; il s'ensuivait que ces dernières, faute de ressources, n'envoyaient pas les enfants aux écoles et les contraignaient à mendier. Or, ces pauvres enfants n'étaient entourés que de mauvais exemples, ils manquaient du nécessaire, et une grande mortalité sévissait sur eux.

Il fallait donc demander aux Conseils généraux une revision des tarifs, « parce que la charité publique, chargée de recueillir les enfants abandonnés, doit pourvoir à leurs besoins et à leur éducation sans parcimonie comme sans exagération, car c'est surtout l'insuffisance des salaires qui amène les mauvais placements dont les enfants sont les premières victimes et dont les intérêts de la société n'auront plus tard pas moins à souffrir. »

De plus, dans beaucoup de départements on ne payait plus les trois indemnités de ventôse. Cette omission n'était ni régulière ni convenable. Il fallait donc rétablir ces indemnités comme prime spéciale ayant pour but d'exciter le zèle des nourriciers ou patrons et de récompenser leurs bons soins.

Dans beaucoup de départements aussi, les hospices dépositaires ne remplissaient qu'imparfaitement l'obligation de fournir aux enfants les layettes et les vêtures. Il en résultait que les nourrices, étant obligées de les fournir elles-mêmes, voyaient d'autant diminuer leur salaire et laissaient les malheureux enfants couverts le plus souvent de haillons insuffisants. C'était un abus grave qui ne pouvait être plus longtemps toléré.

Enfin quelques départements, voisins des frontières, envoyaient les enfants en nourrice en pays étranger. Ces placements présentaient de sérieux inconvénients : on ne pouvait régulièrement constater l'existence des enfants; et ceux de ces derniers qui échappaient aux chances de mortalité étaient presque tous perdus pour la France. Tout placement à l'étranger devait donc être sévèrement interdit.

Telles sont les principales mesures que le ministre recommandait à la sollicitude des préfets et des Conseils généraux. Ces sages prescriptions ne furent suivies que peu à peu, et il fallut encore bien des rappels pour qu'elles devinssent générales.

Durant ce temps, d'anciens abus continuaient çà et là de régner, et l'on voyait encore parfois des substitutions d'enfants faites par des nourrices peu scrupuleuses afin de continuer à percevoir pour leurs propres enfants les rétributions qui devaient être payées aux enfants abandonnés qui étaient décédés.

Malgré la vigilance de l'administration, cela se passait ainsi en quelques endroits, car la surveillance des inspecteurs départementaux n'avait pas encore eu le temps d'être établie partout au même degré.

On avait bien essayé de remédier à ces abus en instituant les colliers. Mais on s'aperçut, par la suite, que le collier pouvait être facilement enlevé et que l'on était même quelquefois obligé de le couper parce qu'il blessait le cou de l'enfant.

Par une circulaire du 12 janvier 1842, le ministre voulut remédier à cela en remplaçant les colliers par des boucles d'oreilles en argent.

« Les inconvénients du collier, disait-il, peuvent être évités en remplaçant ce dernier par une ou deux petites boucles d'oreilles en argent qui se scellent de manière à ne pouvoir se détacher sans être coupées et qui portent les mêmes indications que les colliers.

« Les inspecteurs généraux ont été unanimes, dans leurs rapports, pour constater les avantages de ces boucles d'oreilles sur les colliers.

« En faisant porter un signe individuel aux jeunes enfants placés en nourrice, le but de l'administration est surtout d'empêcher les substitutions d'enfants. Pour atteindre ce but, il ne me paraît pas nécessaire de forcer ces pauvres enfants à conserver ce signe jusqu'à l'accomplissement de leur douzième année. Lorsque, arrivé à l'âge de cinq ou six ans, l'enfant sait parler, qu'il est généralement connu dans la localité où il a été placé, qu'il sait lui-même comment il se nomme et qui il est, les substitutions ne sont plus à craindre. Je pense donc qu'on peut, sans inconvénient, faire enlever les boucles d'oreilles dès que les enfants ont accompli leur sixième année. »

Dans cette circulaire, le ministre trouvait aussi que le collier était un signe trop apparent, appelant d'une manière fâcheuse l'attention sur ces enfants et décelant à tous leur triste origine.

Cela était vrai. Mais la boucle d'oreille n'était-elle pas aussi une marque très visible et qui devait, en laissant des traces ineffaçables, devenir bien désobligeantes, par la suite, aux jeunes garçons surtout?

Hélas ! l'humanité tourne souvent dans un cercle vicieux. Les abus entraînent des conséquences. Il faut remédier aux abus : mais le remède parfois a bien des désagréments. Cependant, ici, on ne pouvait guère agir autrement, et l'on avait raison de prendre tous les moyens pour empêcher les tromperies des nourriciers. L'amour-propre des enfants pouvait en souffrir : mais c'était un mal moindre et c'est toujours celui que l'on doit choisir quand on ne peut l'empêcher entièrement.

On en est ensuite revenu aux colliers. Ils existent encore dans les administrations qui, ayant une très grande quantité d'enfants, sont obligés d'en faire des convois pour les envoyer dans d'autres départements. Ailleurs, où les effectifs sont beaucoup moindres, les substitutions, grâce au mode de surveillance actuelle, sont devenues impossibles; et l'on n'est heureusement plus obligé d'employer des marques distinctives qui trop souvent ne servent qu'à exciter contre les pauvres abandonnés les moqueries de leurs camarades sans pitié !

Il faut faire la charité avec une grande largeur de vue et ne jamais froisser ceux qui en sont l'objet. Les pupilles des départements ne doivent autant que possible différer en rien des autres enfants ; agir autrement serait s'exposer à leur faire sentir le poids si lourd de leur disgrâce et à leur aigrir le cœur contre la société. Nous sommes à une époque où les cœurs malheureux s'aigrissent si facilement !

Éviter cela est devenu dorénavant le grand et généreux principe de l'Assistance publique dans notre beau pays de France.

CHAPITRE IX

DE 1843 A 1850

Cinq ans encore et allait disparaître le gouvernement de Louis-Philippe sous lequel nous avons déjà
vu émettre tant d'avis sur les questions de l'enfance
et se faire tant d'essais d'améliorations. Il devait
cependant parfaire encore quelques travaux sur
l'œuvre des malheureux abandonnés. Puis, après lui,
d'autres continueront, sans se lasser, à marcher vers
un idéal qui pourtant sera de longues années encore
avant d'être atteint, si toutefois on peut l'atteindre
jamais. Il est bon cependant que chacun mette sa
pierre à l'édifice afin d'approcher de plus en plus du
sommet. Arrivera-t-on enfin à y mettre la dernière
pierre, la couronne suprême de l'œuvre? Que d'efforts il faudra tenter encore dans ce service si délicat
de l'enfance pour lequel la perfection de la veille

devient souvent une imperfection le lendemain, tant les besoins augmentent ou changent en raison de la marche si rapide du temps et des progrès !

Continuons d'analyser la suite de ces efforts.

Toujours par une certaine hostilité contre le sort des enfants abandonnés, qui sont cependant bien innocents de leur triste origine, on se demandait en certains lieux si ces enfants devaient fréquenter les écoles aussi assidûment que leurs camarades. Cela était d'une mesquine animosité, car les instructions ministérielles avaient toujours été formelles à cet égard.

Alors le Ministre de l'instruction publique compléta les instructions de l'intérieur par une décision en date du 17 mars 1843, ordonnant l'admission gratuite des enfants trouvés dans les écoles communales, et approuvant l'avis rendu sur ce sujet par le conseil royal de l'instruction publique et ainsi conçu :

« Le conseil estime qu'aux termes de la loi du 22 juin 1833, qui veut que l'instruction primaire soit donnée a tous les enfants, et gratuitement aux enfants indigents, cette instruction doit être, à plus forte raison, donnée gratuitement aux enfants trouvés; que tout enfant de cette catégorie, habitant de fait dans une commune, a droit à l'instruction primaire donnée dans l'école communale..... »

Ce point était ainsi définitivement réglé.

L'instruction est le revêtement de l'esprit : elle harmonise sa forme en le ciselant et en accroissant ce qu'il peut avoir de beauté.

Or, qui veut le plus doit, à plus forte raison, vouloir le moins : c'est pourquoi, après avoir songé à l'ornementation de l'esprit des enfants, on ne devait pas oublier non plus les besoins de leur corps. C'est ce que le Ministre ne tarda pas de faire au sujet des vêtures qui, dans la plupart des départements, étaient tout à fait insuffisantes et ne comprenaient même pas les objets les plus nécessaires à la santé des enfants.

A cet effet, la circulaire du 21 juillet 1843 trace en détail le tableau indiquant le minimum des objets indispensables à comprendre dans la composition des layettes et des vêtures à fournir aux enfants trouvés, abandonnés et orphelins pauvres ; et le ministre ajoute ces lignes que toute bonne administration ne doit plus perdre de vue :

« Je sais, Monsieur le Préfet, que la composition de ces layettes et vêtures est susceptible de quelques variations, selon les départements et les différences de leurs climats ; que des étoffes différentes peuvent paraître préférables à employer d'après les localités ; qu'enfin le prix de ces étoffes peut également varier. Mais il est des effets d'habillement qui sont partout indispensables aux enfants du même âge, et les règlements qui en déterminent la fourniture peuvent dès lors être ramenés à quelques bases uniformes.

« C'est ce qu'il convient et ce qu'il est dans mon intention de faire.

« Je vous transmets ci-joint, à cet effet, un état des objets de layettes et de vêtures qu'il me paraît nécessaire de fournir aux enfants des divers âges : ces objets sont, à très peu d'exceptions près, ceux que les hospices de Paris fournissent aux enfants trouvés et abandonnés du département de la Seine. Je vous engage à prendre ce travail pour modèle du règlement que vous aurez vous-même à préparer pour le soumettre a mon approbation et à vous en rapprocher autant que possible. Je n'entends pas vous empêcher d'y apporter les modifications que vous sembleraient conseiller les circonstances locales, pas plus que d'y faire les additions que vous jugeriez convenables. Si même les ressources des hospices de votre département leur permettent de vêtir les enfants confiés à leurs soins avec une économie moins rigoureuse, et de leur fournir quelques vêtures de plus, je ne saurais qu'encourager cette louable et légitime sollicitude. Mais tous les objets portés dans ma nomenclature étant de première nécessité, je vous invite à n'en retrancher aucun; vous me trouveriez peu disposé à approuver ces suppressions.

« Vous donnerez une attention particulière à ce que tous les articles entrant dans la composition des layettes et vêtures soient toujours de bonne qualité. Destinés à un usage prolongé et de chaque jour, ils ne peuvent y résister lorsque leur qualité est médiocre, et les enfants arrivent rapidement à un état de dénûment qui compromet leur santé. Vous aurez soin aussi, après chaque article et selon sa nature, d'en fixer le poids ou les dimensions, ainsi que le prix : ce prix sert à déterminer la qualité des objets et la somme à retenir aux nourrices dans le cas où quelqu'un de ces objets ne serait pas représenté par elles.

« Les objets composant les layettes et vêtures doivent toujours être fournis tout confectionnés. On

évite ainsi aux nourrices un travail de confectionne-
ment dont souvent elles ne seraient que peu capables; et, d'autre part, on s'assure que les matières
premières ne sont pas détournées de leur destina-
tion. »

Tous ces conseils de détails, que le Ministre donnait ainsi aux préfets, devaient, pour leur bonne application, être soumis à une surveillance active : c'était
celle des inspecteurs départementaux. Mais cette
surveillance elle-même devait être contrôlée en haut
lieu, afin qu'une main unique pût tenir les rênes de
tout l'ensemble du service et en connaître la marche
pour la rectifier si cela était nécessaire.

Or, le Ministre ne pouvait atteindre ce but que
par des rapports qui lui seraient annuellement adressés par chaque inspecteur départemental. De là, une
nouvelle circulaire ministérielle, en date du *12 sep-
tembre 1845,* enjoignant aux préfets d'envoyer chaque année à son examen ces rapports des inspecteurs départementaux.

Voici cette circulaire qui est encore aujourd'hui
toute d'actualité et qui sera rappelée plus tard à
différentes reprises, tant les termes y sont justes
et utiles :

« Monsieur le Préfet, je m'attache depuis quelques
années, d'une manière spéciale, en réglant les dépenses proposées pour le service des enfants trouvés et
les ressources destinées à y pourvoir, à examiner
attentivement l'état tant de l'ensemble que des diverses parties de ce service, dans chaque département. Cet examen m'a souvent mis à même de vous

signaler de nouvelles mesures à prendre, des abus à réprimer, des améliorations à introduire. Secondée par votre zèle éclairé, cette sollicitude de mon administration a produit d'importants résultats qui, déjà constatés dans un grand nombre de départements, ne tarderont pas longtemps, je l'espère, à l'être également dans tous les autres.

« Je puise, à cet égard, les renseignements les plus utiles, pour diriger mon action et la vôtre, dans les rapports que vous présentez chaque année au Conseil général, sur le service qui nous occupe; dans les délibérations de ce conseil, et dans les rapports qui me sont directement adressés par les inspecteurs généraux des établissements de bienfaisance attachés à mon ministère. J'ai toutefois lieu de penser que je trouverai des renseignements non moins utiles à connaître dans les rapports plus fréquents, plus circonstanciés et plus étendus, qui doivent vous être faits par l'inspecteur des enfants trouvés de votre département. Ainsi, c'est surtout par ces rapports que je dois être mis en mesure de juger du plus ou moins d'utilité des divers hospices dépositaires, des avantages ou des inconvénients des différents modes d'admission des enfants dans ces hospices, du zèle apporté par les commissions administratives dans les soins qu'elles donnent au placement de ces enfants, à leur bien-être physique, à leur éducation religieuse et morale, à leur tutelle, à leur établissement, etc.

« L'envoi à mon ministère des rapports des inspecteurs départementaux des enfants trouvés présentera un autre avantage. L'examen de ces rapports me permettra de me faire rendre compte des travaux de ces fonctionnaires, et d'apprécier la manière dont ils remplissent l'important emploi qui leur est confié.

« Je vous invite, en conséquence, Monsieur le Préfet, à joindre désormais, chaque année, aux pièces que vous devez me transmettre pour le règlement des prévisions de la dépense du service des enfants trouvés, les rapports que l'inspecteur départemental de ce service vous aura adressés depuis la dernière session du Conseil général.

« Je vous prie de ne pas perdre de vue cette injonction et de m'accuser réception de la présente circulaire. »

Cette circulaire fut une des dernières actions du gouvernement de Louis-Philippe au sujet des enfants abandonnés.

Deux ans encore, et la révolution de février 1848 allait éclater. Mais, durant ces deux années, les esprits sérieux devaient s'inquiéter de l'extrême importance que prenait de plus en plus ce service de bienfaisance sociale. Les abandons et les dépenses s'accroissaient toujours : c'était un flot montant contre lequel on ne savait trop quelle digue interposer.

Pour arrêter un tel flot, il fallait d'abord connaître les causes qui le poussaient en le gonflant sans que jamais on le vît se briser. Il arrivait des lointains de plusieurs siècles, soulevé par les vents de la misère en même temps que de l'immoralité. Combien faudrait-il de temps encore pour l'endiguer ? Ou plutôt l'endiguerait-on jamais ? car la misère et l'immoralité, qui ont toujours existé, n'existeront-elles pas toujours ?

L'administration supérieure vit bien qu'on ne pourrait jamais arrêter ce flot : elle voulut au moins faire le nécessaire pour le ralentir ou le guider.

C'est alors que, par arrêté ministériel en date du 10 novembre 1847, une commission fut instituée afin d'examiner les questions relatives aux enfants trouvés.

A chacun des membres de cette commission, le Ministre de l'intérieur, M. Duchâtel, adressa une circulaire portant la même date (10 novembre 1847) et dans laquelle il énumérait ses principaux projets de remaniement du service. Il invitait ces Messieurs à résoudre la question des tours, celle des secours aux filles-mères, celles des dépenses, de la tutelle et de l'inspection des enfants trouvés.

Ce document renferme éloquemment l'état complet de la question à cette époque. Rien qu'en le lisant on voit d'un seul coup d'œil l'ensemble du service d'alors, et l'on peut juger quelles en étaient les lacunes ainsi que les bienfaits, en même temps que l'on se rend compte des tâtonnements, des doutes et des inquiétudes qui faisaient hésiter les hommes les plus dévoués et les divisaient même entre eux au point de vue des mesures à prendre.

Je ne cite pas cette circulaire qui va être reproduite presque de point en point un peu plus loin, alors qu'un autre Ministre de l'intérieur, reprenant la même œuvre, s'adressera dans des termes absolument semblables aux préfets des départements.

Cette œuvre, en effet, fut tout à coup interrompue.

Moins de quatre mois après l'arrêté qui instituait
l'importante commission dont nous venons de parler,
le gouvernement de Louis-Philippe était renversé par
la révolution de 1848.

Au commencement de toute révolution, il y a toujours des esprits échauffés qui ne connaissent plus
de limites ou veulent se faire valoir par des actes
que l'on qualifierait d'insensés si l'on ne prenait le
parti d'en rire. C'est ainsi que, dès le 24 avril 1848,
un certain délégué de l'administration des hospices
de Paris ne trouva rien de plus intelligent que de
faire prendre l'arrêté suivant :

Article premier. — Les enfants, désignés ci-devant sous le
nom d'enfants trouvés, abandonnés et orphelins, reprendront
à l'avenir le nom d'enfants de la Patrie.

Art. 2. — L'inscription placée au-dessus de la porte de
l'hospice sera modifiée et portera : Hospice des Enfants de la
Patrie.

Comme on le voit, cet homme connaissait son histoire et voulait se grandir à la hauteur de la Convention nationale qui, on se le rappelle, en 1793, avait,
dans un enthousiasme compréhensible à cette époque, donné à ces enfants le nom d'Enfants naturels
de la Patrie. Notre délégué cependant n'ajouta pas
ce nom « naturels » parce que peut-être il l'avait
oublié !

Le Ministre de l'intérieur fut plus sensé, car, ayant
eu connaissance de ce fait, il adressa au préfet de la
Seine la lettre suivante :

« Citoyen Préfet, si je suis bien informé, l'administration des hospices de Paris a fait placer au-dessus de la porte de l'hospice de la rue d'Enfer une ins-

cription portant ces mots : « Enfants de la Patrie. » Déjà la même expression s'était produite dans divers documents que la mairie de Paris a adressés à mon ministère relativement au service des enfants trouvés.

« Je vois avec regret que, pour désigner les enfants que le décret du 19 janvier 1811 a confiés à la charité publique, l'administration hospitalière de Paris et la préfecture de la Seine se servent de l'expression d' « Enfants de la Patrie ». Cette dénomination abandonnée depuis 1797, repoussée notamment par le silence du décret impérial précité, n'a été remise en vigueur par aucun acte législatif ou réglementaire, et on ne peut douter que ce ne soit avec intention qu'elle n'a pas été reproduite par le projet de constitution qui va être prochaine.nent soumis aux délibérations de l'assemblée nationale. On ne saurait d'ailleurs admettre que chaque autorité départementale ou hospitalière puisse donner à son gré, à un service public, des appellations différentes.

« J'ajouterai que cette dénomination, qui relèverait, d'une manière plus apparente que réelle, la condition des enfants inscrits au contrôle de chaque département, serait de nature à faire naître dans l'esprit public des idées peu exactes sur le genre d'assistance que l'État est en position de donner aux enfants dont il s'agit ; par suite de faire taire, dans le cœur des mères, les derniers scrupules qui s'opposent au délaissement des enfants, et d'augmenter ainsi le nombre, déjà si malheureusement considérable, des expositions et abandons. L'expression d' « Enfants de la Patrie » ne saurait donc être reprise sans les plus graves inconvénients.

« Je vous invite, en conséquence, à donner les ordres nécessaires pour que l'Administration des hospices de Paris et les bureaux de votre préfecture s'en tiennent aux dénominations consacrées par le décret de 1811.

« *Le Ministre de l'Intérieur,*
« Signé : SENARD. »

Ceci ne fut qu'un incident aussi passager que curieux à noter.

Lorsque les esprits furent plus calmes, on reprit la marche des grands et sérieux travaux ; et, juste un an près la circulaire de M. Duchâtel, on vit le nouveau Ministre de l'intérieur, M. Dufaure, reprendre l'œuvre interrompue et adresser, le 8 novembre 1848, aux préfets une circulaire au sujet des enfants trouvés conçue absolument dans les mêmes termes que celle qui avait été adressée précédemment aux membres de la Commission de 1847.

Cette pièce est trop importante pour que de longs extraits n'en soient pas cités ici, l'histoire devant fidèlement relater tout ce qui peut jeter la lumière sur la situation de chaque époque. Or, rien ne sera plus clair que les lignes ci-après pour instruire ceux qui ont suivi jusqu'ici la marche ascendante du service de l'enfance ; ils y liront les doutes du moment et les questions des solutions à intervenir :

« Monsieur le Préfet, le sort des enfants trouvés est depuis longtemps l'objet de la sollicitude de l'Administration supérieure. Réduire le nombre des expositions annuelles et des abandons, tout en prenant les mesures nécessaires pour qu'il n'en résulte aucun accroissement dans le nombre des infanticides; améliorer la condition physique et morale des enfants trouvés, tout en s'opposant à l'élévation de la dépense de leur entretien: tel est le double but que nous devons avoir constamment en vue, et vers lequel doivent être dirigés tous les efforts des admitrations locales.

« De nombreux essais ont été faits, dans ces dernières années, pour obtenir ces résultats; il en est auxquels des inconvénients imprévus ont dû faire renoncer; il en est d'autres, au contraire, qui sembleraient avoir reçu la sanction d'une satisfaisante expérience, et que peut-être il serait utile d'ériger en mesures législatives.

« Le moment est donc venu de discuter mûrement ce qui a été fait et ce qui est à faire, d'étudier toutes les questions relatives aux enfants trouvés, abandonnés et orphelins pauvres, et de reconnaître s'il n'y aurait pas lieu d'apporter certaines modifications à la législation existante.

« Pour m'éclairer à cet égard, je crois devoir, avant tout, recueillir les avis des conseils généraux sur une branche du service départemental dont ils sont, chaque année, appelés à s'occuper, soit au point de vue de la dépense, soit au point de vue de l'amélioration de la condition d'une catégorie nombreuse d'infortunés auxquels la société doit ses soins.

« Je vais, Monsieur le Préfet, vous indiquer les principales questions sur lesquelles vous aurez à faire délibérer les conseils généraux dans leur prochaine session :

« 1° *Tours*. — L'article 3 du décret du 19 janvier

1811 porte que « dans chaque hospice destiné à
« recevoir des enfants trouvés, il y aura un tour
« où ils devront être déposés; » et l'article 4 dit
qu' « il y aura au plus, dans chaque arrondisse-
« ment, un hospice où les enfants trouvés pourront
« être reçus ».

« La combinaison de ces deux articles semble indiquer que l'intention du législateur était qu'il y eût
dans chaque arrondissement un hospice dépositaire
avec un tour.

« Cependant cette disposition n'a jamais reçu sa
complète exécution; et il existe huit départements
dans lesquels, depuis 1811 jusqu'à l'époque actuelle,
il n'a jamais été établi de tours.

« Dans ces dernières années, et plus particulièrement depuis 1842, les administrations locales de
quelques-uns des départements où des Tours existaient ont cru que cette facilité donnée aux expositions était une des principales causes de l'accroissement du nombre des enfants trouvés, et de la mortalité
qui atteint ces infortunés dans des proportions bien
au-dessus de celles des décès parmi les autres enfants.
Les préfets et les conseils généraux ont donc pro-
posé la fermeture des tours, et cette mesure a été
approuvée par le ministère de l'intérieur. Elle a reçu
sa complète exécution dans trente-deux départements,
de sorte que dans quarante départements il n'existe
plus aujourd'hui de tours.

« Dans d'autres départements, au contraire, on a
maintenu les tours existants; ailleurs enfin, tout en
maintenant les tours, on ne les laisse ouverts que
pendant un certain nombre d'heures, de jour ou de

nuit, et on fait surveiller ces tours afin d'obtenir de l'individu qui dépose un enfant des renseignements sur l'origine de cet enfant.

« Cette diversité de systèmes, qui pouvait être admise dans une période d'essais, ne peut évidemment être maintenue d'une manière permanente; et l'administration supérieure ne peut permettre plus longtemps que sur une matière aussi importante il y ait, dans les différents départements de la République, des règles, disons mieux, des législations différentes: de là, la nécessité de résoudre les questions suivantes :

« Faut-il laisser aux conseils généraux et aux préfets la faculté de créer ou supprimer les tours, suivant la situation du service des enfants trouvés dans chaque département?

« Faut-il en revenir à l'exécution du décret de 1811 et rétablir un tour dans chaque arrondissement?

« Faut-il réduire les tours à un par département et en rendre l'établissement obligatoire?

« Faut-il supprimer les tours d'une manière absolue? Et, comme on ne peut guère espérer de parvenir à supprimer entièrement les expositions, comment devra-t-on remplacer l'institution des tours?

« Peut-on admettre la conservation des tours avec surveillance?

« 2° *Secours aux filles-mères et aux mères légitimes.* — Dans un assez grand nombre de départements on a substitué aux tours des bureaux d'admission qui sont chargés d'interroger les personnes qui apportent un enfant à l'hospice dépositaire, afin d'arriver à connaître la mère de cet enfant. Le bureau doit alors user de toute son influence pour obtenir de la mère de reprendre son enfant, sous la promesse d'un secours mensuel accordé pendant un temps qui ordinairement ne dépasse pas trois années.

« Cette mesure, fort controversée, est l'objet de la plus vive approbation de la part d'un assez grand nombre de conseils généraux, qui la regardent comme devant, d'une part, conserver les liens de famille entre la mère et l'enfant qu'elle aurait abandonné, et d'autre part comme devant produire une grande économie dans la dépense, l'indemnité offerte étant généralement inférieure au taux des mois de nourrice, et réduite à un temps comparativement beaucoup moindre, et amener une grande diminution dans la mortalité.

« Dans d'autres départements, au contraire, la mesure est repoussée comme immorale, en ce qu'elle fait faire de fâcheuses comparaisons entre le sort des filles-mères secourues et des mères légitimes laissées sans secours; l'économie qui doit résulter de la mesure y est même considérée comme fort hypothétique.

« Enfin, il est des départements où la mesure des secours n'a pas été prise à l'égard des filles-mères seulement, mais où le préfet accorde également des secours aux mères légitimes qu'il reconnaît être dans un tel état de dénûment qu'il est à craindre qu'elles soient disposées à abandonner leurs enfants.

« Les conseils généraux seront appelés à donner leur avis sur la question de savoir s'il y a lieu de maintenir l'allocation des secours, soit aux filles-mères, soit aux mères légitimes. Ces avis seront mis sous les yeux de la Commission.

« Dans le cas de l'affirmative, il y aurait lieu d'ajouter une quatrième catégorie d'enfants aux trois qu'indique l'article Ier du décret de 1811 ; car des enfants secourus chez leurs mères, naturelles ou légitimes, ne sont ni des enfants trouvés, ni des enfants abandonnés, ni des orphelins pauvres et cependant il faudrait les faire entrer légalement dans le nombre de ceux dont l'entretien est, aux termes de la loi du 10 mai 1838, compris dans les dépenses ordinaires des départements.

« 3° *Division de la dépense des enfants trouvés*.....

« 4° *Tutelle des enfants trouvés*. — La tutelle des enfants trouvés est attribuée par le décret de 1811 à la commission administrative de l'hospice où ils ont été déposés ; elle doit être exercée par un des membres de la commission, et suivre les enfants dans tous les lieux où ils résident jusqu'à l'âge de vingt et un ans.

« En fait, les prescriptions du décret de 1811, sur ce point, ne sont que très incomplètement exécutées. La plupart des membres des commissions administratives répugnent à se charger d'une tutelle qui leur impose une espèce de comptabilité, au moins morale. Il leur est difficile, d'ailleurs, de suivre la situation de ceux de leurs pupilles qui sont placés hors du département.

« La question de la tutelle n'est cependant pas sans importance ; car elle se lie au placement des enfants en apprentissage, lorsqu'il y a un contrat à faire en leur nom ; elle détermine aussi le lieu où ils doivent concourir au recrutement. Sur ce point, la pratique est souvent en contradiction avec le droit, et s'il est des départements où l'on fait concourir les enfants trouvés dans le canton de la situation de l'hospice auquel ils appartiennent, il en est d'autres où on les comprend sur les communes où ils résident.

« Le conseil général aura donc à examiner si les dispositions de l'article 15 du décret de 1811 doivent être maintenues ou modifiées, et quel doit être leur effet, notamment pour l'exécution de la loi sur le recrutement de l'armée.

« 5° *Condition des enfants trouvés après l'âge de douze ans.* — Après l'âge de douze ans, la dépense des enfants trouvés n'est plus à la charge des départements. L'autorité départementale n'a donc plus à se préoccuper d'eux qu'à titre de surveillance et de sollicitude ; en réalité, les administrations hospita'ières ont seules à les suivre.

« Si elles ont pu les placer chez des nourriciers qui consentent à les conserver, ou chez des cultivateurs qui les engagent comme domestiques, ces commissions ne s'occupent généralement plus d'eux que dans les cas rares où l'exercice de leur droit de tutelle est invoqué pour quelque acte de la vie civile.

« Si, au contraire, les enfants arrivés à l'âge de douze ans, auquel cesse toute allocation départementale, si, dis-je, ces enfants n'ont pu être placés au dehors, parce qu'ils sont infirmes ou peu aptes à travailler, ils rentrent dans les hospices qu'ils encombrent et dont ils absorbent les revenus, au grand préjudice des malades et des infirmes qui ne peuvent plus y être admis. Ces enfants, s'ils n'y sont pas gardés d'ailleurs dans une complète oisiveté, n'y sont, la plupart du temps, appliqués qu'à des travaux qui ne leur préparent aucun avenir.

« Quels changements faut-il apporter à cet état de choses ?

« Faut-il continuer à laisser dans les hospices ceux de ces enfants qui ne peuvent, en raison de leurs infirmités, être mis en apprentissage ?

« Faut-il obliger les départements à les entretenir dans un hospice départemental, comme il en existe déjà quelques-uns ?

« Enfin quelles mesures doit-on prendre pour organiser un système d'éducation pratique à l'égard des enfants trouvés qui sont appelés à entrer dans des professions diverses ?

« 6° *Colonies agricoles.* — Parmi les essais faits, soit par l'administration, soit par la charité privée, pour l'amélioration du sort des enfants trouvés et leur moralisation, on doit distinguer les colonies agricoles. Il en a été créé plusieurs avec les secours des départements et par les soins des préfets ; d'autres doivent leur établissement à la philanthropie d'hommes dont le nom est trop connu pour qu'il soit nécessaire de le répéter.

« Il importerait que le conseil général voulût bien faire connaître ses vues sur ces établissements, soit qu'il en existât déjà dans le département, soit qu'il parût utile d'en établir.

« 7° *Inspection des enfants trouvés.* — L'une des mesures les plus efficaces qui aient été prises par l'administration pour l'amélioration de la condition physique et morale des enfants trouvés a été, sans contredit, la création, dans chaque département, d'un inspecteur du service des enfants trouvés. Cet inspecteur doit faire, chaque année, deux ou plusieurs tournées générales, dans lesquelles il s'enquiert de la moralité des nourrices et des nourriciers ; de la manière dont ils soignent, sous le rapport physique, les enfants qui leur sont confiés ; et si, enfin, ces enfants reçoivent l'instruction primaire et l'instruction religieuse. Lorsque les renseignements qu'ils recueillent ne sont pas satisfaisants, ils proposent au préfet le changement de nourrices ou de nourriciers.

« La création des inspecteurs départementaux a été appréciée et approuvée par la plupart des conseils généraux ; il en est quelques-uns cependant qui la repoussent encore.

« Le conseil général aura donc à examiner si la création des inspecteurs départementaux d'enfants trouvés doit être maintenue, et si la dépense du traitement de ces inspecteurs doit être considérée comme faisant partie de la dépense obligatoire du service des enfants trouvés.

« Telles sont, Monsieur le Préfet, les questions sur lesquelles j'appelle l'attention du conseil général et la vôtre.

« Aucun pays de l'Europe ne peut soutenir la comparaison avec la France pour le nombre et le régime des établissements de bienfaisance ; en nulle autre contrée, le principe de la charité n'a obtenu des applications plus diverses et plus fécondes. Quelques parties du service des administrations hospitalières demandent, à la vérité, des perfectionnements. J'ai pensé que la situation des enfants trouvés, dont la tutelle est confiée à l'État, méritait surtout une attention immédiate ; et je suis certain de trouver dans les lumières des conseils généraux un guide dans le choix des améliorations que conseilleront à la fois la théorie et la pratique.

« Lorsque le conseil aura pris la délibération que vous avez à provoquer, vous voudrez bien me l'adresser sans délai, par un envoi spécial, en l'accompagnant de votre avis particulier et de celui de l'inspecteur du service. »

Dans cette importante circulaire le ministre embrassait l'ensemble entier du service. Rien ne lui avait échappé, et nombreuses étaient les réponses à faire à ses multiples questions. C'était un travail de remaniement complet, travail considérable et sérieux devant lequel personne n'allait reculer.

Mais les deux points qui furent les plus discutés, à cause des différences de vue des hommes même les plus expérimentés, furent la question des tours et celle des secours temporaires.

Ces deux questions soulevèrent les plus âpres débats.

Aujourd'hui encore, bien que ces questions semblent définitivement réglées, les tours et les secours temporaires ont conservé d'ardents défenseurs et des ennemis acharnés. Mais ce sont actuellement les esprits superficiels qui défendent les tours et attaquent les secours temporaires, ceux qui, ne connaissent pas à fond les rouages modernes du service des enfants assistés et n'hésitent pas cependant à vouloir quand même donner leurs appréciations.

Il n'en était pas de même à cette époque qui pouvait être considérée encore comme une période d'essai et où chacun devait répondre aux questions du Ministre dans la plénitude de sa conscience, alors que ces questions n'avaient jamais été auparavant sérieusement débattues.

Sur ces entrefaites, et, en attendant les résultats des travaux des conseils généraux et les réponses des préfets, une loi fut promulguée, le 10 janvier 1849, sur l'organisation de l'assistance publique à Paris :

Article premier. — L'administration générale de l'assistance publique à Paris comprend le service des secours à domicile et le service des hôpitaux et hospices civils.

Cette administration est placée sous l'autorité du préfet de la Seine et du Ministre de l'intérieur ; elle est confiée à un directeur responsable, sous la surveillance d'un conseil dont les attributions sont ci-après déterminées.

Art. 2. — Le Directeur est nommé par le Ministre de l'intérieur sur la proposition du préfet de la Seine.

Art. 3. — Le Directeur exerce son autorité sur les services intérieurs et extérieurs. Il prépare les budgets, ordonnance toutes les dépenses, et présente le compte de son administration.

Il représente les établissements hospitaliers et de secours à domicile en justice, soit en demandant, soit en défendant.

Il a la tutelle des enfants trouvés, abandonnés et orphelins...

Nous ne donnons ici que les trois premiers articles de cette loi qui sont les plus intéressants à connaître, le troisième surtout parce qu'il est une dérogation à la règle générale, en ce sens qu'il attribue au directeur de l'assistance publique de la Seine la tutelle des enfants, tandis que dans les autres départements de France ce sont les Commissions administratives des hospices qui ont cette tutelle, sauf aujourd'hui pour les enfants moralement abandonnés.

Puis, durant les travaux de la Commission dont nous allons parler tout à l'heure, une autre loi fut promulguée, le 30 décembre 1849, au sujet d'un appel de 80 000 hommes pour l'armée.

L'article 4 de cette loi nous intéresse en ce qu'il fixe, une fois pour toutes, le lieu où les pupilles doivent être inscrits pour le recensement. Voici cet article :

Art. 4 de la loi du 30 décembre 1849. — Les jeunes gens, enfants trouvés ou autres, placés sous la tutelle des commissions administratives des hospices, seront inscrits sur les tableaux de recensement de la *commune où ils résident au moment de leur inscription*. Il est dérogé, en ce point, à l'article 6 de la loi du 21 mars 1832.

Ce point fixé, revenons un peu en arrière.

Quelques mois après sa circulaire du 8 novembre 1848, et comme suite à ce document, le Ministre rendit, le 22 août 1849, un arrêté instituant la Commission chargée de préparer un projet de loi sur le service des enfants trouvés, et nommant les membres de cette Commission qui furent au nombre de neuf, tous hommes distingués et compétents dans cette matière.

Dès le 25 août la Commission commença ses travaux auxquels furent consacrés trente-deux séances.

Le 16 mars 1850, cette Commission avait terminé son œuvre et le président envoyait au ministre le projet de loi et son rapport avec une lettre dans laquelle on lisait les nobles passages suivants :

« Chargés d'organiser l'assistance légale pour les enfants trouvés, notre première préoccupation a été de sauvegarder la vie de l'enfant.

« Cette vie est menacée avant la naissance même ; né d'une faute, il rencontre le regret avant même d'inspirer le repentir.

« Dès la naissance, droits et devoirs deviennent plus clairs, plus précis, plus étroits : aussi avons-nous minutieusement réglé tout ce qui tend à recueillir, à recevoir, à nourrir, à placer, à vêtir l'enfant, et à le défendre ou à le venger du mal que peuvent lui faire l'imprudence, la négligence, le délit ou le crime à tous les degrés.

« Le droit de la famille ne pouvait être négligé par le législateur. Conserver l'état civil de l'enfant, en retrouver la trace, en renouer par l'exhortation, et même par le secours, la chaîne interrompue ; en créer une image aussi fidèle que possible, au défaut de la réalité qui peut échapper aux efforts les plus assidus ; faire à l'enfant une tutelle de conseil et d'action ; lui trouver une place utile pour lui et pour les autres dans une quasi-adoption qu'il rémunère, grâce à la charité, avant même de la conquérir par son travail, et dont la bonté de nos paysans, la simplicité de certains travaux rustiques rendent l'espérance moins chimérique qu'on ne pourrait le croire ; en un mot, faire à l'enfant abandonné un droit civil qui comble pour lui la lacune laissée par la famille absente et qui le rattache, par tous les points de son existence, aux lois qui régissent la grande famille et doivent le saisir lui-même pour l'obliger en le protégeant : voilà ce que nous avons pu ne pas trouver, voilà du moins ce que nous avons cherché avec ardeur.

« Nous n'avons pas reculé devant l'organisation d'une magistrature spéciale chargée d'encourager, de recevoir, de respecter, de récompenser les confidences de la honte ou de la misère ; d'en juger, non les droits, mais les besoins ; de faire la part de la justice, la part de la charité. Une fois cette porte étroite mais sûre, clairvoyante mais discrète, ouverte à ceux qui disent la vérité, nous n'avons pas hésité à fermer le tour, ce confident ou plutôt ce complice, dur, aveugle, muet et sourd, qui sépare de la société ceux qu'il laisse à la vie.

« ..... Étudiant une loi charitable, nous lui avons donné le nom des malheureux auxquels elle vient en aide ; et pour leur accorder le premier des bienfaits dont ils ont tant besoin, le bienfait d'une dénomination qui rappelle moins le malheur qui les frappe que la consolation qui les attend, nous ne les appelons plus « enfants trouvés » : nous les appelons « enfants adoptés par la charité publique ». Ce nom sera moins lourd à porter, car hélas! ils ne le porteront pas seuls. »

Cette dernière phrase montre la préoccupation que l'on a toujours eue de donner un nom aux enfants des hospices. Quelle que soit la catégorie à laquelle ils appartinssent, on les avait nommés jusqu'alors enfants trouvés.

On les nommera ainsi quelque temps encore,
jusqu'à ce qu'enfin on soit arrivé à leur donner la
dénomination générale, et probablement définitive
qu'ils ont aujourd'hui, celle « d'enfants assistés »,
dénomination d'autant mieux choisie qu'elle est
moins apparente et cache davantage l'origine de
tous ces malheureux enfants élevés par les soins de
la société.

Cette commission de 1850 fit un immense labeur;
elle discuta surtout la question des tours et des
secours temporaires avec une ampleur de vue re-
marquable. De ses discussions jaillit une lumière
qui doit encore nous guider dans nos jugements et
nos appréciations d'aujourd'hui.

Elle finit par conclure à la suppression du tour
et à son remplacement par un bureau ouvert; elle
adopta le mode des secours pour prévenir les abandons. Ce furent ses deux principales œuvres parmi
toutes les autres questions qu'elle agita. Et, quoique
ses projets n'eussent pas eu de suite immédiate ni
de sanction, ils ont cependant apporté une modification profonde dans la manière de voir au sujet de
l'enfance. Il ne devait plus s'écouler que très peu
d'années avant que l'on vît les tours disparaître et
les secours temporaires consacrés par une loi définitive.

Lire les longues discussions de cette commission,
c'est aussi entrer au cœur de la philosophie de l'histoire au sujet de la multiplicité des abandons d'enfants. Cependant, malgré la haute clairvoyance des
hommes qui discutèrent alors, cette philosophie

resta encore très vague dans ses appréciations de la cause et des effets.

On en était arrivé au moment où les esprits sérieux devaient, après tant d'essais et après la constatation de tant de résultats souvent si différents, se demander si un système nouveau ne serait pas préférable.

Le nombre des enfants abandonnés avait depuis longtemps singulièrement augmenté et augmentait toujours. On en cherchait la cause dans la raison, dans l'étude du cœur humain, dans l'analyse des grands faits sociaux. Mais cette cause échappait toujours; on en arrivait à des conclusions tout à fait contradictoires : l'état de la question demeurait insaisissable.

Dans son étude approfondie sur cette grave question, la commission de 1850 n'arriva non plus à aucune conclusion.

Restons-en donc aux faits seuls. La philosophie de l'histoire, qui recherche les causes, est bien intéressante sans doute, mais elle se plie à la tournure d'esprit et à la manière de penser de chacun. Peut-être, à la fin de ce livre, essaierons-nous de dire notre façon de voir à ce sujet. Mais il est bon que chacun pense de son mieux dans une question où les plus grands esprits en sont venus à des conclusions toutes différentes.

Ce qu'il y a de plus clair, c'est la manière d'agir : c'est de chercher, avant tout, l'intérêt de l'enfant. C'est ce que fait l'administration supérieure aujourd'hui, et c'est ce qu'essaya de faire alors la commission de 1850.

Or, le premier des intérêts de l'enfant est son droit de vivre. Il faut d'abord le sauver, puis ensuite l'élever convenablement. Cet enfant n'a pas désiré sa naissance : on doit s'attacher à ne pas la lui faire maudire.

CHAPITRE X

DE 1850 A 1870

Rapport de M. Thiers à l'Assemblée législative. — Coup d'État de
1851. — Essai de colonisation de l'Algérie par les pupilles des
hospices. — Circulaire de l'Intérieur du 6 août 1853 annonçant
un projet de loi sur les enfants abandonnés. — Ces enfants prennent la dénomination générale d'Enfants assistés. — Enquête de
1860. — Les pupilles sont trop nombreux dans les hospices qu'ils
encombrent. — La commission d'enquête termine ses travaux,
au mois de mai 1862. — Elle fait le règlement modèle de 1862,
type des règlements départementaux. — Disparition successive
des tours. — Extension des secours temporaires. — **Loi du 5 mai
1869.** — **Circulaire du 3 août suivant.** — Organisation des cadres
de l'inspection. — Décret du 31 juillet 1870 signé par l'impératrice régente. — Fin du Second Empire.

Les discussions de la commission de 1850 ne
furent suivies d'aucuns résultats effectifs; mais, au
point de vue moral, elles eurent l'immense avantage
de donner pour l'avenir une ligne de conduite éclairée. Une amélioration sensible dans la marche du
service des enfants abandonnés se fit bientôt sentir,
et cette amélioration sera constatée, douze ans plus
tard, par l'enquête générale de 1862.

Du reste, toutes les grandes âmes se mettaient à
l'œuvre bienfaisante de l'enfance, et M. Thiers, dès
cette époque, pouvait, dans un rapport à l'assemblée
législative, au sujet, non seulement des enfants
abandonnés, mais encore de tous les autres enfants
soit atteints d'infirmités, soit mal élevés par des
parents indignes, soit exploités par des patrons cu-
pides, écrire les lignes suivantes :

« Si l'on arrête ses yeux sur l'enfance et qu'on

examine ses nombreux besoins, il sera facile de découvrir ce que la bienfaisance privée ou publique peut faire pour elle. La mère qui porte l'enfant dans son sein n'a souvent pas de quoi se nourrir, se vêtir, pendant que, livrée aux douleurs de l'enfantement, elle est dans l'impossibilité de travailler pour gagner sa vie. Quelquefois, pour cacher la faute qui l'a rendue mère, elle abandonne à la charité publique l'enfant qu'elle a mis au jour, et il faut que cette charité le recueille pour qu'il ne périsse pas.

« Si elle a voulu rester mère de cet enfant, dû à des relations légitimes, elle ne peut ni l'allaiter, ni le soigner, ni le surveiller; toujours condamnée à travailler de ses mains pour sustenter sa vie. L'enfant, ainsi délaissé, exposé à tous les périls, aux sociétés les plus dangereuses, ne reçoit ni les soins physiques, ni les soins moraux qui lui seraient nécessaires. D'autres fois, des parents avides, trop pressés de tirer de ses faibles bras quelque bénéfice, l'astreignent à des travaux qui abrutissent son intelligence et empêchent le développement de son jeune corps. Bientôt arrivé à l'âge d'apprenti, il ne sait pas défendre ses intérêts quand il traite avec le maître qui le prend à son service et doit lui donner l'instruction pour prix de son travail. Si, enfin, entraîné par l'inexpérience de son âge, sans être né pour le mal, il y tombe passagèrement, les prisons de l'État, loin d'être pour lui un lieu de régénération morale, deviennent un lieu de corruption, d'où il ne sort que pour être un scélérat consommé, et l'échafaud ou les galères sont le terme d'une carrière mal commencée qui aboutit au crime, tandis qu'avec des soins elle aurait pu aboutir à la vertu. Finalement, cet enfant, privé quelquefois d'un sens, pourrait vivre encore tolérablement, se suffire à lui-même, si on lui apprenait à suppléer aux organes qui lui manquent en développant davantage ceux qui lui restent.

« Ainsi, recueillir l'enfant abandonné dont la mère se dérobe et lui tenir lieu de famille ; aider celle qui ne cache pas sa qualité de mère, l'aider pendant qu'elle est en couche, l'aider encore après que son enfant est né, l'allaiter pour elle quand elle ne le peut pas, le surveiller pendant le temps qu'elle est obligée de donner au travail ; empêcher qu'on abuse des forces naissantes de cet enfant, l'instruire, le conseiller lorsque, trop jeune pour se défendre, il traite avec le maître qui consent à employer sa jeunesse ; veiller sur ses premiers égarements ; enfin corriger non seulement ses imperfections morales, mais aussi ses imperfections civiles : tels sont les soins que doit à l'enfance et à l'adolescence une société charitable et prévoyante.

« C'est ainsi entendue que l'humanité sera féconde. Mais si nous cherchons dans ce qui existe des raisons d'être justes envers la société, et des enseignements sur la vraie manière d'opérer le bien, prétendons-nous affirmer que si tout a été imaginé, entrevu, commencé, tout ait été achevé ? Assurément non. On voudra nous le faire dire, mais nous ne le disons pas.

« Tout a été inventé et commencé, rien n'a été fini, et nous le prédisons à tous les siècles, aucun n'aura l'honneur de finir. La veille même du jour où notre univers cessera d'être, il restera encore du bien à faire que le zèle le plus ardent n'aura pu accomplir.

« Nous nous bornons donc à prétendre que tout a été imaginé, mais nous ajoutons à l'instant même que, dans tout ce qui a été entrepris, il reste à perfectionner, à réformer d'après l'expérience, à étendre d'après les besoins. »

Ces belles paroles de M. Thiers, en 1850, ne demeureront-elles pas toujours vraies et pleines d'actualité ? De nos jours où les œuvres d'assistance ont fait tant de progrès et ont monté tant d'échelons vers une perfection relative, ne reste-t-il pas encore et toujours à faire ? Oui ; mais, en considérant ce qui reste à faire, il faut voir aussi ce qui a été fait et rendre hommage à la courageuse volonté qui marche sans cesse, sans se décourager.

Cependant tous les grands projets d'une loi nouvelle qui avait été préparée furent interrompus subitement par le coup d'État du 2 décembre 1851. Le Second Empire se levait sur la France ; la nation était dans l'indécision et dans l'attente ; et le service de l'enfance dut encore se résigner à louvoyer durant une dizaine d'années jusqu'à l'importante étape qui devait se faire lors de l'enquête générale ouverte en 1860.

Ce service continua donc sa marche dans le même état ; du reste, cette marche ne pouvait plus s'arrêter, car un demi-siècle d'élan la poussait quand même en avant ; mais, au lieu de faire tout d'un coup un grand saut vers un perfectionnement décisif, elle ne

devait plus se contenter que de suivre peu à peu
des améliorations successives.

Or, à cette époque, la conquête de l'Algérie était
encore dans son éblouissement de gloire et dans
toute la splendeur de sa nouveauté. Mais l'élément
militaire seul semblait fasciné et attiré par le rêve
des combats et des aventures de ce pays héroïque.

Il fallait pourtant coloniser, mais les colons manquaient.

Il eût été bien extraordinaire que l'on n'en vînt
pas à songer alors aux enfants des hospices pour
peupler notre nouveau territoire.

C'est ce qui arriva, en effet, et, par une circulaire
du 7 août 1852, le Ministre de l'intérieur engagea
les préfets à choisir dans chaque département un
certain nombre de pupilles des hospices pour les
envoyer coloniser l'Algérie.

On offrait à ces enfants un certain nombre d'avantages et, en outre, à leur majorité, une concession
de terres d'une étendue variable entre 4 et 8 hec-
tares.

« De plus, ajoutait cette circulaire, le but de l'institution ne serait pas rempli si l'on n'attachait le
jeune colon au sol dont il devient propriétaire par
un sentiment plus puissant encore que celui de la
possession, le sentiment de la famille.

« A côté des colonies de garçons, il sera donc
nécessaire de former ultérieurement des établissements analogues où des jeunes filles seraient exercées
aux travaux des champs et contracteraient de bonne
heure ces habitudes d'ordre, de travail et d'écono-

mie qui permettraient d'en faire plus tard des ménagères utiles et dévouées.

« L'administration favoriserait des mariages entre les individus des deux sexes, et l'on constituerait ainsi des familles de cultivateurs acclimatés comme les indigènes, possédant les connaissances et les ressources nécessaires pour réussir, et qui, dans un court espace de temps contribueraient pour une large part à la prospérité et au développement de notre colonie d'Afrique. »

Cette pensée de colonisation était bien séduisante sans doute, pour les esprits désireux du bien-être futur d'enfants sans parents, qui parviendraient à se créer une famille nouvelle dans un pays nouveau et à se faire une position qu'ils eussent en vain cherchée en France.

Mais ce ne fut qu'un beau rêve, et nos pupilles n'y répondirent pas. Presque tous ceux qui furent ainsi transplantés dans notre colonie algérienne attendirent impatiemment l'heure de la majorité pour revenir en France où ils espéraient, en se rapprochant du lieu de leur naissance, retrouver quelques traces de leur origine et satisfaire ainsi cette âpre curiosité qui poursuit tous les êtres sur la naissance desquels semble planer un mystère. L'inconnu attire; et l'on veut toujours connaître. Et puis souvent sait-on ce que l'on veut à cet âge ? Comprend-t-on le bien que l'on cherche à vous faire ?

Quelques-uns de ces enfants, il est vrai, répondirent à ce que l'on attendait d'eux : ce ne furent ni les moins avisés ni les moins heureux. Mais le plus grand nombre s'éclipsa peu à peu, et peu à peu aussi les projets de l'administration supérieure s'évanouirent devant l'insuccès. On n'en parle plus aujourd'hui; du reste, il n'y a pas trop de bras sur le sol de la mère patrie pour relever notre culture nationale qui tombe.

Cette colonisation de l'Algérie par les pupilles des hospices ne fut donc qu'un rêve passager. On n'en devait pas moins continuer à songer au sort des enfants abandonnés, et le Second Empire allait, lui aussi, travailler à son tour à l'édifice de l'enfance.

Dès le lendemain de la proclamation de l'Empire, Napoléon III eut une pensée de bienfaisance : il fit don d'une somme de deux cent mille francs affectée au retrait d'un certain nombre d'enfants des hospices, et le ministre de l'intérieur annonçait ainsi ce don aux préfets par une circulaire en date du 17 décembre 1852 :

« Monsieur le préfet, vous avez appris par le *Moniteur* du 4 de ce mois que, le lendemain même de son avènement au trône, Sa Majesté a mis à ma disposition, sur sa cassette particulière, une somme de 200 000 francs destinée à faciliter le retrait, par leurs familles, des enfants trouvés et abandonnés dans les hospices de France. Conformément à la volonté de l'empereur, j'ai réparti cette somme entre tous les départements, proportionnellement au nombre d'enfants entretenus par chacun d'eux. »

Cette action ne fut qu'une œuvre de générosité individuelle sans conséquences importantes pour la marche générale du service; mais il est bon de la citer ici pour montrer dans quelles dispositions s'ouvrait l'Empire sur le sujet qui nous occupe.

Ces bonnes dispositions n'allaient faire que s'accentuer.

Quelques mois s'étaient à peine écoulés qu'une circulaire de l'intérieur (6 août 1853) annonçait un projet de loi sur les enfants abandonnés et orphelins, et demandait aux préfets de bien vouloir communiquer « leurs observations et leurs recherches sur un objet difficile que l'expérience de chaque jour doit nécessairement éclairer ».

A cette circulaire était joint un long exposé des motifs dans lequel on lit l'intention formelle de ne rien innover mais seulement de rendre plus facile et plus efficace l'application du décret du 19 janvier 1811.

Ce projet de loi, qui devait faire l'objet des premières délibérations de la prochaine session du corps législatif, n'eut pour cette fois encore aucune suite. Mais on y voit au moins les bonnes intentions du Gouvernement qui, empêché de poursuivre ce but particulier par des milliers d'autres buts intéressant aussi la nation, n'oubliait cependant pas la grande œuvre de l'enfance et voudrait la poursuivre dès la première occasion favorable, quand même cette occasion serait plusieurs années à se présenter; car que sont plusieurs années dans la vie d'un peuple? Le principal est que l'on n'oublie pas, et que l'étincelle soit toujours prête à être mise au flambeau.

Cette étincelle allait dormir sept années encore sous la cendre pour se rallumer, vive et superbe, et jaillir avec un nouvel élan des travaux faits par la commission du 10 octobre 1861, travaux au cours desquels les esprits les plus éclairés allaient s'unir

aux cœurs les plus généreux au sujet de l'éternelle
question de l'enfance.

C'est à cette époque que les enfants trouvés,
abandonnés et orphelins prennent la dénomination
générale d'*Enfants assistés,* dénomination qu'ils ont
encore conservée aujourd'hui et qui semble la meilleure de toutes celles qui leur avaient été données
jusque-là parce qu'elle est la moins susceptible d'é-
veiller en eux une fausse honte, un regret ou un
froissement d'amour-propre.

Donc, le 17 avril 1860, le Ministre de l'intérieur
envoyait aux préfets une circulaire dans laquelle il
annonçait le passage d'inspecteurs généraux chargés
d'examiner les plus importantes questions du service :

« Le Conseil d'État, disait-il, est actuellement
saisi de l'examen des modifications que réclame le
service des enfants assistés. Une commission, nommée dans son sein, a préparé les bases de ce travail
et demandé la production de divers renseignements.
J'ai chargé l'inspection générale du soin de les réunir. Une tournée extraordinaire, comprenant tous
les départements de l'Empire, aura lieu à cet effet.
Elle commencera le 1ᵉʳ mai prochain et se terminera
dans le courant d'octobre.

« Des instructions spéciales traceront aux inspecteurs généraux la marche qu'ils devront suivre et
leur indiqueront les points sur lesquels auront à se
porter leurs investigations. La situation actuelle du
service sera ainsi établie dans toute sa vérité, et
l'administration n'en laissera aucune partie sans
lumière..... »

Les inspecteurs généraux rayonnèrent en effet dans tous les départements, et, vers la fin de cette année 1860, leur enquête générale se trouvait terminée. Aussi, dès le 1er avril 1861, le ministre pouvait-il envoyer aux préfets une circulaire dans laquelle il énumérait toutes les améliorations importantes qui devaient être mises à exécution sur toutes les branches du service.

Parmi ces réformes, il y en avait une qui méritait les plus graves considérations : c'était celle de ne pas laisser séjourner de trop nombreux pupilles dans les hospices.

Sur 148 54 pupilles qui existaient alors dans l'assistance, y en avait 10 333 qui demeuraient dans les hos⟨pic⟩es dépositaires. C'était un abus énorme dont les inspecteurs départementaux étaient surtout responsables en n'y veillant pas assez.

Dans certains hospices les enfants assistés formaient le tiers de la population totale de la maison; les valides s'y confondaient avec les infirmes, les jeunes enfants avec les adultes. De là, des dépenses inutiles, des charges toujours croissantes, de graves complications.

« Aussi, disait la circulaire, ce n'est point seulement aux établissements dépositaires, c'est à leurs jeunes élèves que nuisent de semblables errements. En effet, le régime d'un hospice, quel qu'on le suppose, ne convient pas à l'enfant. A l'enfant, il faut de bonne heure les fortes habitudes de la vie de famille, l'exemple du foyer, le travail et surtout le travail agricole. Or, chacun reconnaît que la vie agricole favorise, plus que toute autre, le développement, de ces sentiments, de ces liens, de ces habitudes qui conviennent surtout à l'enfant assisté. Et pour arriver à ces placements des pupilles dans la vie agricole, il est constant que la situation bonne ou mauvaise du service dépend absolument de l'inspecteur départemental. C'est donc à ce fonctionnaire qu'il faut plus particulièrement confier le soin d'exonérer les hospices dépositaires des enfants assistés qui y resteraient encore. Car, dans les hospices, l'enfant, trop habitué à compter sur les autres, s'y prépare mal aux labeurs, aux privations, à la responsabilité qui l'attendent ; et, plus tard, lorsqu'il doit recourir à sa propre initiative, cette initiative lui fait défaut. »

Ces paroles étaient sages et ces conseils seront toujours justes. C'est toujours le placement familial qui est la profonde pensée et la préoccupation de l'Administration actuelle.

Il est clair que le grand abus relevé à cette époque par les inspecteurs généraux était le séjour trop prolongé de nombreux enfants dans les hospices ; le conseil, comme moyen de réparer cet abus, était de placer les pupilles dans la vie agricole, au milieu des campagnes que déjà trop d'individus désertaient pour aller respirer l'air moins sain et moins libre des villes. On retrouvera plus loin ce conseil et cette instruction dans la circulaire du 3 août 1869.

Cette grande enquête étant terminée, la commission pouvait commencer ses travaux ; c'est ce qu'elle fit au mois d'octobre 1861, pour les terminer au mois de mai 1862.

Le 1er juin suivant, M. de Watteville, qui en était président, adressait son rapport au Ministre qui le communiquait, à son tour, dans toute la France, le 8 du même mois.

Ce rapport de la commission d'enquête forma un volume du plus haut intérêt et d'une valeur considérable comme document administratif.

Il présentait l'exposé complet de la situation du service dans tous les départements à cette époque; il mettait en lumière les améliorations déjà réalisées ainsi que les réformes à poursuivre; rien n'échappa aux discussions de ses membres : effectif des élèves, admissions, abandons, infanticides, tours, dépenses, tutelle, inspection, secours temporaires. Il étendit ses vues partout, et nombre de ses appréciations sont encore d'actualité aujourd'hui.

Il fut suivi d'un RÈGLEMENT MODÈLE, en 131 articles, qui servit de base aux règlements départementaux qui, pour la plupart, ont été refondus à cette époque[1].

Les travaux de cette commission furent très profitables au service et ils devinrent le point de départ d'une grande suite d'améliorations.

Parmi ces améliorations, deux surtout furent sensibles : d'abord la disparition successive des tours, ces causes de tant d'abus, de tromperies et d'infanticides; ensuite l'extension des secours temporaires.

---

[1]. Tous les services des enfants assistés ayant un règlement particulier, dont ce *règlement modèle* a été le type, il nous semble inutile de rapporter ici ce dernier. Ceux de nos lecteurs qui voudraient le connaître *in extenso* le trouveront dans le volume du rapport de la Commission d'enquête dont nous venons de parler.

Les secours temporaires pour prévenir les abandons, ce rapport de 1862 en parle en termes éloquents; et le ministre entra dans ses vues, comme on en peut juger par la circulaire, du 15 octobre suivant, qui allait clore ce qui avait été fait pour l'enfance durant cette même année :

« L'enquête ouverte en 1860, disait ce document, a proclamé les résultats décisifs des secours, et l'administration, qui jusqu'ici s'était exprimée avec réserve sur ce mode d'assistance, a le droit aujourd'hui de formuler nettement son opinion et ses conseils. A ses yeux le secours temporaire doit transformer un jour l'ensemble du service. Elle y voit un moyen sûr de conserver à la vie de pauvres enfants et d'en empêcher l'abandon, en faisant du même coup une économie pour les dépenses publiques. Un enfant secouru coûtera beaucoup moins qu'un enfant hospitalisé. L'enquête a démontré que plus les secours temporaires prennent d'extension, moins il y a d'admissions dans les hospices.

« Mais le secours temporaire n'a pas seulement pour but de prévenir l'abandon; l'administration le destine encore à réintégrer l'enfant dans la famille, en lui conservant son état civil. Aussi ne l'accorde-t-elle qu'à la condition que le nouveau-né soit *reconnu par sa mère*.....

« Si dans votre département, Monsieur le Préfet, le service des secours est encore trop restreint, vous en élargirez le cercle. S'il y a reçu l'extension nécessaire, vous veillerez à ce qu'il échappe, dans ses moindres détails, à toute critique fondée. Exigez de l'inspecteur départemental, des maires, des agents locaux, qu'ils y apportent tous leurs soins. Bien que le secours soit accordé à l'enfant et non à la mère, assurez-vous, avant de statuer, que celle-ci est digne de la faveur qu'elle réclame ; car sa moralité est la première garantie du bien-être et de la vie de l'enfant. Surveillez l'emploi du secours. Si la mère continue de mériter l'aide de l'administration, ne la lui retirez pas ; dans le cas contraire n'hésitez pas, comme le prescrivent les règlements, à placer l'enfant sous la tutelle des hospices. »

De telles instructions devaient par la suite être écoutées.

On a pu, dans cette circulaire, remarquer ces mots : « l'administration, qui jusqu'ici s'était exprimée avec réserve sur ce mode d'assistance (les secours temporaires), a le droit aujourd'hui de formuler nettement son opinion et ses conseils. » C'était le fruit le plus important des travaux du rapport de l'enquête générale. Désormais, l'impulsion était donnée sur ce point ; et les secours temporaires, qui n'étaient encore qu'à l'état de conseil, allaient dans peu d'années passer enfin à l'état de loi.

Une autre phrase de la circulaire est aussi bien caractéristique, c'est celle-ci : « Le secours temporaire doit transformer un jour l'ensemble du service. » C'était une belle espérance, en effet, mais c'était pousser trop loin le rêve. L'humanité n'est pas encore si bonne que cela ; bien des filles-mères sont décidées à abandonner leur enfant beaucoup avant de l'avoir mis au monde, et toutes les promesses de secours ne les font pas revenir sur cette désolante décision. On peut en parler par expérience quand on en a connues beaucoup dans ce cas. Cela n'est pas pour critiquer le secours temporaire, bien au contraire; mais c'est pour montrer que, malgré tous les efforts accomplis en vue du bien, on n'arrive pas à le faire dans la mesure espérée.

Le secours temporaire n'en aura pas moins sa haute importance, car s'il ne prévient pas tous les abandons, il en empêche un certain nombre; si le but n'est pas atteint complètement, il l'est du moins en partie et c'est déjà beaucoup pour glorifier la pensée bienfaisante qui l'a institué et répandu. Mais, pour transformer un jour l'ensemble du service, comme le pensait le Ministre, il est probable que cela n'arrivera jamais : ce serait trop idéal, et l'idéal plane trop haut au-dessus de notre monde.

Après les travaux de la commission de 1862, il y eut quelques années de repos ou, pour ainsi dire, de recueillement.

Par les nombreuses appréciations d'esprits distingués qui encouragèrent les questions d'assistance à cette époque, l'année 1862 était comme un prélude dont la suite nécessaire et le couronnement allaient avoir lieu en 1869.

Ces deux dates 1862 et 1869 s'enchaînent l'une à l'autre par leurs conséquences et semblent se donner la main par-dessus les sept autres années qui les séparent et durant lesquelles la marche du service continua silencieusement sans être marquée par aucun acte important.

Sept années sont promptement passées dans l'existence d'une nation; aussi l'histoire atteint-elle bien vite la date mémorable *du 5 mai 1869,* date à laquelle une loi nouvelle, quoique statuant surtout en matière financière, allait par ses dispositions réagir sur le fond même de tout le service.

Voici cette loi :

Loi du 5 mai 1869.

Article premier. — Les dépenses du service des enfants assistés se divisent en :

Dépenses intérieures ;

Dépenses extérieures ;

Dépenses d'inspection et de surveillance.

Art. 2. — Les dépenses intérieures comprennent :

1° Les frais occasionnés par le séjour des enfants à l'hospice ;

2° Les dépenses des nourrices sédentaires ;

3° Les layettes.

Art. 3. — Les dépenses extérieures comprennent :

1° Les secours temporaires destinés à prévenir ou à faire cesser l'abandon ;

2° Le prix de pension et les allocations réglementaires ou exceptionnelles concernant les enfants placés à la campagne ou dans les établissements spéciaux ; les primes aux nourriciers ; les frais d'école s'il y a lieu, et les fournitures scolaires ;

3° Les frais de vêtures ;

4° Les frais de déplacement, soit des nourrices, soit des enfants, et, au besoin, les frais relatifs à l'engagement des nourrices ;

5° Les registres et imprimés de toute nature, les frais de livrets et les signes de reconnaissance établis par les règlements ;

6° Les frais de maladie et d'inhumation des enfants placés en nourrice ou en apprentissage.

Art. 4. — Les dépenses d'inspection comprennent les traitements et frais de tournées des inspecteurs et sous-inspecteurs et, généralement, les frais occasionnés par la surveillance du service.

Art. 5. — Les dépenses intérieures et extérieures sont payées, dans chaque département, sur :

1° Le produit des fondations, dons et legs spéciaux faits à

tous les hospices du département au profit des enfants assistés ;

2° Le produit des amendes de police correctionnelle ;

3° Le budget départemental ;

4° Le contingent des communes ;

Ce contingent est réglé chaque année par le conseil général ; il ne peut excéder le cinquième des dépenses extérieures ;

5° La subvention de l'État, égale au cinquième des dépenses intérieures.

Le prix des layettes et les frais de séjour dans les hospices dépositaires sont réglés tous les cinq ans par un arrêté du préfet, sur la proposition des commissions administratives desdits hospices et après avis du conseil général du département.

Art. 6. — Les frais d'inspection et de surveillance sont à la charge de l'État.

Par cette loi deux grandes innovations se faisaient jour : 1° dans les dépenses intérieures et extérieures ; 2° dans les dépenses de l'inspection.

On voit, dans les dépenses extérieures, compris en premier lieu, à la place d'honneur pour ainsi dire, les secours temporaires destinés à prévenir ou à faire cesser l'abandon, et ce mode d'assistance recevait ainsi définitivement sa consécration légale et solennelle.

Par les dépenses d'inspection, les inspecteurs et sous-inspecteurs devenaient fonctionnaires de l'État, ce qui avait pour but d'accroître leur autorité et leur influence sur la tutelle administrative, à aucuns détails de laquelle ils ne devaient plus rester étrangers.

Cependant l'historien n'a pas à écrire ici de longues phrases ou de spécieux jugements pour apprécier cette loi ; il n'a qu'à s'incliner devant la sagesse de la *circulaire du 3 août suivant* qui en explique le but par des instructions d'une simplicité claire et précise.

Extraire quelques passages de ce document sera le meilleur jugement que l'on puisse présenter à ce sujet :

« Vous le remarquerez, Monsieur le Préfet, disait-elle, les catégories d'enfants établies par le décret du 19 janvier 1811 sont conservées. Il n'est pas non plus innové en ce qui touche le mode de réception, d'assistance, de surveillance des enfants. La tutelle demeure confiée, quant à présent, aux commissions administratives; mais par cela même que la loi n'impose plus de sacrifices aux hospices dépositaires, que les frais d'inspection et une portion même des dépenses intérieures deviennent une charge de l'État, que le contingent départemental est de beaucoup augmenté, l'inspecteur devra être plus étroitement associé à l'exercice de cette tutelle, et les préfets, après délibération du conseil général, auront tout pouvoir pour régler les conditions du séjour des enfants à la maison dépositaire et généralement les relations du département avec l'hospice tuteur. Enfin, bien que la loi du 5 mai ait statué surtout en matière financière, ses dispositions sont destinées à réagir sur le fond même du service; en en concentrant mieux les détails dans vos mains, elles exerceront une influence facile à prévoir sur le développement des secours temporaires et l'application plus générale des placements à la campagne, double nécessité dont je me réserve de vous parler plus loin.

« Mais la loi s'est séparée de l'ancienne législation par une classification nouvelle des dépenses intérieures et des dépenses extérieures, et en ajoutant à celles-ci un troisième ordre de dépenses : les dépenses d'inspection.

« Les dépenses intérieures sont réduites à trois. Les vêtures cessent d'y figurer, et l'article 1er, qui les énumère par ordre d'importance, mentionne d'abord les frais de séjour à l'hospice. C'est ici le lieu, Monsieur le Préfet, de vous rappeler les recommandations contenues dans la circulaire ministérielle du 1er avril 1861. Mes prédécesseurs ont plusieurs fois constaté l'indulgence excessive avec laquelle les commissions de tutelle et même les inspecteurs départementaux tolèrent le maintien de leurs pupilles à l'établissement dépositaire. Vous devrez désormais vous attacher avec plus de soin encore à combattre cette tendance. Non seulement le séjour prolongé de l'enfant à l'hospice lui est nuisible à tous égards : nuisible au point de vue de la santé, nuisible au point de vue de son éducation pratique, nuisible au point de vue de son avenir ; mais il importe, suivant la pensée du législateur de 1811, d'assurer au travail des champs, pour l'un comme pour l'autre sexe, ces bras dont l'administration dispose, et qui, bien dirigés, vaudraient à l'agriculture des auxiliaires précieux. A la campagne, les infirmes mêmes peuvent rendre quelques services, et, moyennant une pension un peu plus élevée que le tarif ordinaire, moins coûteuse pourtant que le prix de la journée hospitalière, beaucoup d'entre eux pourraient y être convenablement placés.

« Quant aux sujets valides, ils doivent y être élevés tous. Cette recommandation s'applique même aux pays manufacturiers, et, sur ce point encore, je me réfère à l'instruction du 1er avril 1861. Dans l'esprit de la loi, les séjours à l'hospice qui donnent lieu à rétribution doivent s'entendre seulement de ceux que rendent indispensables les premiers soins qui suivent la naissance, des déplacements momentanés, des infirmités ou des maladies graves. Hors de ces cas, et s'il était démontré que l'enfant fut retenu sans nécessité dans l'intérieur de la maison dépositaire, celle-ci s'exposerait au rejet de sa demande en remboursement. L'inspecteur devra donc s'occuper avec le plus grand soin de cette partie du service.....

« ..... Dans la nouvelle classification des dépenses extérieures, les secours temporaires occupent le premier rang. Appliquée dans la plupart des départements, réglementée par des instructions ministérielles, cette institution n'avait pas reçu encore la consécration de la loi : elle vient de l'obtenir, et désormais, j'en ai la confiance, aucune entrave n'en ralentira les progrès. Les sympathies des conseils généraux lui sont acquises, et l'on peut prévoir le moment à, grâce à leur concours, le secours temporaire créé, selon l'expression même de la loi, pour prévenir ou faire cesser l'abandon, deviendra la règle ordinaire du service. Déjà, en effet, les administrations locales ont compris, presque partout, que, sous le toit de l'hospice ou du nourricier, quels que soient les sacrifices et les efforts des établissements dépositaires, du département et des communes,

l'enfant ne trouve jamais ni la protection ni les soins
que lui assure la présence de sa mère. La ligne de
conduite est donc toute tracée.

« Dans les départements où les secours temporaires fonctionnent régulièrement, les rapports des
inspecteurs constatent que les abandons ont diminué
de 30, de 40, quelquefois même de 50 p, 100.
Accordés seulement aux nouveau-nés reconnus par
leurs mères, généralement augmentés d'une indemnité, si l'indigente épouse le père de son enfant, ils
ont amené, dans certains departements, une proportion de mariages de 10 p. 100. Lors même qu'elles
n'obtiennent par cette réhabilitation complète et
définitive, les mères naturelles, retenues, moralisées
par la seule présence de leur enfant, savent, en général, mieux que celles qui se sont déchargées de
tous devoirs, se maintenir dans la voie du repentir
et revenir au bien.....

« ..... Les dispositions des articles 4 et 6 consti-
tuent une des principales innovations de la loi du
5 mai 1869. L'utilité de l'inspection départementale,
les services qu'elle rend, les résultats obtenus grâce
à son active coopération, étaient unanimement reconnus : mais on regrettait le défaut d'organisation
de ce corps, l'insuffisance de ses émoluments, l'absence d'un avancement hiérarchique et de récompenses destinées à l'encourager. En décidant que les
inspecteurs départementaux seraient rétribués sur les
fonds de l'État, la loi a réalisé un progrès considérable. Peu à peu la situation de ce personnel tendra
à s'améliorer, et l'on verra disparaître les inconvénients que signalait avec raison l'inspection générale.

« Mon intention est, dans ce but, d'établir un cadre répartissant en plusieurs classes les inspecteurs départementaux des enfants assistés, fixant la quotité de leurs traitements et de leurs frais de tournées et déterminant des conditions règlementaires d'avancement. Ce travail vous sera ultérieurement notifié.

« Ainsi réorganisé, le personnel de l'inspection devra, sous votre autorité, prendre plus activement encore la direction du service. Ses tournées seront plus fréquentes. C'est l'inspecteur départemental qui vous proposera l'admission aux secours temporaires; c'est à lui que seront confiés la recherche et l'engagement des nourrices, la préparation et la signature des contrats d'apprentissage, la réalisation des placements de fonds à la caisse d'épargne; il devra enfin ne demeurer étranger à aucun des détails de la tutelle administrative, et vous l'y associerez étroitement. Sa surveillance devra porter, non seulement sur les enfants d'un jour à douze ans, mais encore sur ceux de douze à vingt et un ans. »

Cette loi et cette circulaire de 1869 faisaient faire une grande étape au service qui allait dorénavant s'y reposer durant de longues années.

C'était au soir de l'Empire qui allait bientôt disparaître dans un des plus épouvantables effondrements que l'histoire connaisse; mais sa loi, du moins, est restée et elle sera peut-être une des causes qui atténueront un jour, dans une certaine mesure, bien des jugements sévères.

Il manquait encore une disposition pour assurer complètement l'exécution de cette loi: c'était l'organisation des cadres de l'inspection, organisation qui s'imposait, puisque les frais de cette partie du service avaient été mis entièrement à la charge de l'État.

Cette disposition fut assurée, l'année suivante, par un décret impérial qui était précédé d'un rapport du ministre dans lequel on pouvait lire ces lignes :

«Toutes les améliorations apportées à l'organisation de cet important service de l'inspection tourneront au profit immédiat des pupilles de l'Assistance publique, et ce n'est pas une dépense improductive et stérile que celle qui doit avoir pour résultat de protéger plus efficacement la vie des pauvres enfants abandonnés et de leur assurer avec une surveillance plus vigilante, les meilleures garanties d'éducation et de bien-être. Même au point de vue économique, une organisation solide de l'inspection est le plus sûr moyen d'arriver à l'allégement des sacrifices des départements, des communes et de l'État. Elle seule peut, en effet, par un contrôle sérieux des admissions, prévenir les abus et veiller avec intelligente fermeté à la bonne administration du budget de la bienfaisance publique.

« Les améliorations de ce service exerceront certainement une influence favorable. Si l'on y ajoute que, désormais, le personnel relèvera du ministre seul, qu'il ne sera plus astreint à la même loi d'immobilité, on reconnaîtra que la nouvelle hiérarchie est destinée à amener dans le service une véritable transformation. L'agent en fonction dans un département secondaire, s'il se sent une légitime ambition, n'a aujourd'hui ni l'emploi de son activité, ni l'espé-

rance d'un avancement proportionné à ses efforts;
sa carrière se trouve bornée dès le début. Avec la
faculté d'opérer des mutations d'un département à
l'autre, ces inconvénients ne seront plus à craindre.
Toutes les aptitudes pourront être utilisées, tous les
efforts récompensés...

« Si Votre Majesté approuve les vues exposées
dans ce rapport, je la prierai de vouloir bien revêtir
de sa signature le projet de décret qui y est annexé. »

Il est inutile de rapporter ici les dispositions de ce
décret, car si elles furent très importantes, elles
n'eurent que dix-sept années de durée, et furent
rajeunies, abrogées et perfectionnées par celles des
décrets des 8 mars 1887 et 23 avril 1900 que nous
rapporterons à leur place et qui durent encore.

Ce décret, *daté du 31 juillet 1870,* et qui était
précédé de si justes réflexions, fut l'acte suprème
de l'Empire au sujet des enfants assistés. Déjà même
Napoléon III était parti sur la frontière pour la
guerre fatale, en sorte que ce fut l'impératrice régente qui approuva ces dispositions. Voilà pourquoi,
au seuil de la grande catastrophe, on voit un nom
de femme rayonner, comme un dernier sourire, sur
le service de l'enfance malheureuse, car le décret
était signé: « Eugénie. »

CHAPITRE XI

DU TOUR

Le tour aujourd'hui a complètement disparu. — Ce qu'il fut antérieurement. — Sa nécessité alors qu'il n'y avait pas mieux. —
Défense du tour. — Attaques contre lui. — Description d'un
tour. — Nombreux abus occasionnés par le système du tour. —
L'exploitation du tour. — Rétablir le tour serait la suppression
des secours temporaires. — Remplacement du tour par le bureau
ouvert. — Avantages de ce système.

Nous sommes arrivés au grand désastre de 1870.
Tâchons d'oublier un instant l'année tragique de la
défaite, et reposons-nous, dans la marche si rapide
de notre histoire, en nous occupant de la question
du tour qui, après avoir été toute vibrante d'actualité, était, à cette époque, tombée dans un silence
relatif.

Depuis plusieurs années, en effet, le tour avait
disparu.

Or, il est nécessaire et intéressant d'étudier som-
mairement ce sujet qui offre, à être connu, un intérêt d'autant plus grand que certains esprits, encore
de nos jours, y reviennent périodiquement soit dans
la presse, soit dans leurs discours, et semblent re-
gretter une institution qui n'a eu pourtant à offrir à
la société que des fruits amers, à côté de quelques
bons fruits que l'on peut même beaucoup contester.

La Commission de 1850, dans une grande partie
de ses séances, traita longuement, comme nous
l'avons dit plus haut, la question si brûlante du tour.

Les uns le défendirent énergiquement; les autres l'attaquèrent avec non moins de talent.

Ensuite, l'enquête générale de 1862 s'occupa aussi du tour, mais sans apporter des arguments nouveaux, car tout ce qui avait pu être dit sur ce sujet l'avait été dit supérieurement après avoir été profondément pensé par des hommes dont la compétence était connue du Ministre. En sorte que, à l'heure actuelle, ceux qui veulent encore défendre ou attaquer le tour, n'ont plus eux-mêmes rien de nouveau à écrire ou à penser.

Du choc des idées jaillit l'étincelle. C'est pourquoi, à l'issue des hautes et éloquentes discussions de la Commission de 1850, on s'aperçut des nombreux inconvénients du tour; et la conclusion dernière fut sa suppression et son remplacement par un bureau ouvert.

Cette suppression fut mise en pratique peu à peu; en sorte que le règne du tour, qui dans la première partie de notre siècle avait été à son apogée, finit, bien avant les trois quarts de ce même siècle, par s'éteindre et disparaître.

En 1826, il existait en France 217 tours. De 1825 à 1853, on a supprimé 163 tours. En 1856, il y avait encore 54 tours.

Aujourd'hui le tour a vécu depuis longtemps.

Et, à ceux qui voudraient le rétablir, on pourrait répondre qu'une institution qui s'est éteinte ainsi progressivement, sans même se relever dans une lueur suprême, devait avoir de bien fâcheux côtés; car, si les avantages eussent surpassé les inconvénients, on ne serait pas resté, durant tout ce temps de l'agonie du tour, sans rencontrer des esprits assez sérieux et des volontés assez fortes pour le défendre, le maintenir et, au besoin, le rétablir.

C'est le contraire qui a eu lieu, et cela prouve que l'on a eu de bonnes raisons pour marcher dans cette voie.

Le tour ne reste donc plus actuellement qu'à l'état de souvenir; mais ce souvenir hante parfois certains hommes de notre temps. Voilà pourquoi il n'est pas inutile, dans un livre d'histoire, de se rappeler, en passant, ce que fut le tour et de voir s'il serait bon qu'il existât encore aujourd'hui.

Dans les temps anciens, l'exposition des enfants était un fait que l'on rencontrait à tous les coins de rues, sur toutes les places publiques et parmi tous les chemins. Ces expositions d'enfants, ainsi consacrées par l'habitude, furent la honte de ces temps.

Mais, avant d'arriver aux nobles et belles institutions d'aujourd'hui, il fallait une transition; car on ne parvient pas tout d'un coup à l'idéal qui peut être rêvé.

Cette transition nécessaire a été le tour, qui fut, en son genre, un progrès et un bienfait.

Le premier nom de « tour » a paru lors de la restauration de l'hôpital du Saint-Esprit à Rome en 1471. De là, le tour vint en France.

C'est donc à tort que l'on a voulu en attribuer l'invention à saint Vincent de Paul qui n'y a eu recours que parce qu'il n'y avait pas mieux.

Mais le développement des tours ne devint considérable qu'à dater du décret impérial de 1811 qui consacra définitivement cette institution en France.

Cependant il est permis de croire, a-t-on dit depuis, que, si l'empereur Napoléon avait pu, le jour où l'on présenta le décret à son approbation, prévoir les résultats que l'expérience a fait connaître par la suite, il l'eût repoussé avec indignation au lieu d'y apposer sa signature.

Avant d'en venir à ces résultats, considérons le quelque bien qu'a pu faire le tour.

S'il ne diminua pas les infanticides, il sembla diminuer au moins les expositions et par conséquent la mortalité effrayante des pauvres enfants qui succombaient aux intempéries et aux longs abandons dans les lieux solitaires.

Il fit que ces monstrueuses expositions cessassent d'être une coutume regardée d'un œil sec par le passant ordinaire.

Il prévint peut-être les maux auxquels la honte pouvait pousser une mère y succombant dans un moment d'oubli, brisée et affaissée par la souffrance.

Tel fut, en deux mots, le seul bien du tour.

Et c'est ce bien qui faisait dire les paroles suivantes à M. Nicolas, membre de la commission de 1850, lorsque, prenant la parole, il voulait absolument défendre et conserver le tour :

« La question de conservation ou de suppression des tours est décourageante lorsque l'on veut en sonder toutes les difficultés.

« Dans la réalité, qu'est-ce que le tour ? C'est un exutoire en quelque sorte, et un égout, mais un exutoire et un égout nécessaires pour sauver l'enfant de la mort ou de la perversité, la mère du crime, la société du scandale. Si vous le supprimez, ne

croyez-pas pour cela que vous supprimerez le mal;
vous le ferez refluer dans l'intérieur du corps.

« Il faut se garder de l'empirisme !

« Là où le tour n'existe pas, croyez-vous que le
mal soit moins grand, les abus moins graves? Non,
sans doute; seulement le mal est plus confondu dans
la masse et l'infecte plus librement.

« Le tour n'enfante pas le mal; il n'est pas la
cause du mal; il ne fait que le dégager.

« Le tour et sa perspective ne déterminent pas
les dérèglements dont l'enfant trouvé est le fruit et
la victime. Sa suppression ne détruirait pas le nombre de ces conceptions désordonnées.

« Le tour ne fait pas la honte : ce sont les mœurs;
la honte, après tout, n'est qu'un hommage rendu
aux mœurs publiques: elle est d'autant plus farou-
che et impitoyable que les mœurs sont plus pures;
tellement, qu'il est avéré par toutes les statistiques
que les pays, que les provinces où il y a le moins
d'enfants illégitimes sont ceux où il y a relativement
le plus d'infanticides et d'expositions. Cela se con-
çoit et doit être pris en grande considération.

« Respect à la honte dans l'intérêt de l'enfant
qu'elle immole; dans l'intérêt de la mère qu'elle
achèverait de pervertir par ce crime; dans l'intérêt
des mœurs publiques pour qui sa révélation serait
un scandale et qui, par l'habitude de la braver, des-
cendraient bientôt à ne plus la sentir !

« Tout est abus dans le tour si l'on veut voir les
choses à un point de vue absolu de moralité et de
perfection, car le fond de cette matière des enfants
trouvés est l'immoralité même avec laquelle il faut

nécessairement traiter pour en amoindrir les tristes effets.

« Aussi, avant l'existence des tours, l'avocat général Omer Talon, malgré la sévérité de ses mœurs et de son ministère, défendait-il de poursuivre le crime d'exposition pour ne pas pousser à celui d'infanticide. C'est le même sentiment qui me fait dire : Ne fermez pas les tours, de peur de porter au double crime d'exposition et d'infanticide.

« Une considération plus générale me frappe après toutes les autres, c'est celle-ci : que tous ces enfants qu'on nous jette dans le tour, quand ils ne sont pas sauvés de la mort, sont sauvés d'une éducation perverse qui, en entretenant en eux les vices dont ils sont le fruit, en leur en donnant le continuel scandale, les dévouent au malheur, au crime, à la révolte contre une société dont ils sont les ennemis naturels et à qui ils rendent les malédictions qu'ils en ont reçues. Vous ne voulez pas qu'ils pèsent dans le tour ; craignez qu'ils ne pèsent un jour dans la rue. Il y a là un grave sujet de préoccupation. »

Ces paroles sont très éloquentes et profondément pensées ; mais l'auteur exagérait ; et certainement il ne penserait plus ainsi s'il voyait le service de l'Assistance établi tel qu'il l'est aujourd'hui.

A côté de la défense, il faut citer l'attaque.

Écoutons M. Victor Lefranc : « Dans la loi civile, la recherche de la paternité est interdite, et cela à raison de l'incertitude ; mais la recherche de la maternité ne l'est pas.

« Il ne faut pas faire à cette dernière une incertitude égale à celle de la paternité.

« Or, le tour a ce résultat : il ferme les yeux à la lumière ; il ferme la bouche aux témoins ; il désarme l'enfant qui cherche sa mère ; il désarme la mère qui cherche son enfant ; il désarme l'État qui doit sa protection aux deux.

« Le tour confond les enfants légitimes avec les enfants naturels. Il est, en réalité, l'abandon facile, prémédité, il est l'abandon aveugle, l'abandon inépuisable, permanent. »

Et un autre membre de la Commission de 1850, M. Valentin Smith, ne voyant pas le tour d'un meilleur œil, disait : « Le tour est une voie ouverte, non seulement à l'irresponsabilité des actes, mais au mensonge, à l'hypocrisie, sans garantie ni pour la pudeur, ni pour le repentir. Il précipite l'enfant vers une mort presque certaine et ne prévient pas l'infanticide. »

Dans un ouvrage sur la bienfaisance publique, M. de Gérando écrivait lui aussi :

« Le tour est, pour les enfants, ce que l'aumône donnée aux mendiants est pour les valides : c'est un secours donné les yeux fermés ; c'est l'exercice d'une bienfaisance apparente, mais de la bienfaisance la plus dangereuse, parce qu'elle se prodigue à l'inconnu.

« Qu'est-ce qu'un tour? C'est un avis donné au public, une affiche apposée dans la rue et portant : *Quiconque veut se débarrasser du soin d'élever son enfant, pour en donner la charge à la société, est invité à le déposer ici, et sera dispensé de toute justification.* »

Or, matériellement parlant, voici ce qu'était cet avis donné au public :

Le tour formait un cylindre en bois, convexe d'un

côté, concave de l'autre, qui tournait sur lui-même à la moindre impulsion. Le côté convexe faisait face à l'extérieur, le côté concave s'ouvrait dans l'intérieur de l'hospice où était pratiquée une chambre dans laquelle se tenait en permanence une personne chargée du service. Lorsque quelqu'un voulait déposer un enfant nouveau-né, il n'avait qu'à avertir la personne de garde par un coup de sonnette, et aussitôt le cylindre, décrivant un demi-cercle, amenait sur la rue son côté vide, recevait l'enfant, et l'apportait dans l'intérieur de l'hospice en achevant son évolution. La personne qui déposait l'enfant n'était pas vue et le pauvre petit être, venant de l'inconnu, était jeté dans la vie sur les bras de la charité hospitalière.

Ce système n'avait qu'un côté pratique, c'était, comme nous l'avons vu plus haut, de diminuer les expositions d'enfants que des mères, devenues cruelles à force de honte ou de misère, eussent abandonnés aux intempéries des grandes routes, tandis qu'avec le tour elles avaient un moyen plus humain de cacher leur déshonneur.

Mais combien ce seul avantage était payé cher par les immenses abus du tour !

A quel nombre d'infanticides ce cylindre en bois n'a-t-il pas donné asile? Combien de mères tuaient ou faisaient tuer leur enfant, puis portaient le pauvre petit cadavre au tour qui, en se refermant, ensevelissait le crime à jamais ! Comment pouvait-on savoir, en effet, qui avait pu y déposer un enfant mort ou vivant, quand dans la même journée peut être plusieurs autres enfants avaient déjà été apportés dans ce mystérieux abri?

On a constaté, d'après les plus sérieuses statistiques, que les infanticides, dans les départements où le tour était établi, se chiffraient par plus du double que dans ceux où il n'existait pas.

On a connu aussi des mères qui faisaient disparaître leur enfant en l'enterrant dans les bois ou autres lieux déserts. Sur elles encore descendait l'ombre de l'impunité; car, à la justice qui informait, elles répondaient avoir mis l'enfant au tour. Qui pouvait prouver le contraire, si l'on n'avait pu retrouver le petit cadavre?

Il y avait aussi parfois dans les hospices des moments de la journée et de la nuit où personne ne veillait dans la chambre contiguë au tour, en sorte que des enfants étaient déposés mourants au pied du cylindre muet et immobile. N'étaient-ce plus de véritables expositions ?

Le tour, en favorisant les suppressions d'état, était une grave infraction aux garanties que la loi a créées pour établir et conserver l'état civil des enfants. Il donnait lieu à de fréquentes erreurs d'administration. Un enfant, par exemple, après avoir été déclaré à la mairie du lieu de sa naissance, était quelques temps après déposé au tour; l'Administration de l'hospice devait le déclarer aussi, en sorte qu'il y avait un double état civil. Or, à quelles erreurs et à quelles recherches on exposait cet enfant aussi bien que les administrations lorsque l'âge de la conscription et du tirage au sort était arrivé !

Le tour, en offrant la protection du mystère à la prostitution et à la débauche, favorisait non seule ment l'abandon d'une multitude d'enfants naturels, ce qui eût été un inconvénient moindre car il était établi pour eux, pour sauver leur vie en sauvant l'honneur ou la misère de leurs mères, mais il favorisait jusqu'à l'abandon des enfants légitimes.

Des pères et des mères, ne voulant plus garder leurs enfants malades ou infirmes et se laissant trop souvent entraîner par des suggestions mauvaises, allaient ensevelir leurs enfants dans le secret et l'impunité du tour, ce qu'ils eussent parfois hésité et rougi d'accomplir s'il leur avait fallu pour cela faire certaines démarches ou affronter une administration publique. N'était-ce pas véritablement là cet avis écrit aux regards de tous et dont nous a parlé M. de Gérando ?

Il y avait aussi l'exploitation du tour : on a vu des parents légitimes ne se faire aucun scrupule d'y aller déposer leur enfant, puis s'entendre avec des employés des hospices afin d'être choisis comme gardiens de ce même enfant et l'élever ainsi moyennant le salaire qui était accordé aux nourriciers des enfants trouvés. C'était une fraude assez commune, un vol honteux des deniers publics et dont cependant l'autorité ne parvenait pas toujours à s'apercevoir.

Puis, quand ce vol n'existait pas, il y avait une autre fraude plus déguisée : grâce à la connivence d'agents subalternes, beaucoup de parents pouvaient suivre les traces de leurs enfants, et ils les réclamaient aux hospices dès que ces enfants arrivaient à l'âge de rendre des services, après avoir été jusque-là élevés aux frais publics.

Tout cela n'était-il pas un encouragement journalier aux abandons de nombreux enfants légitimes?

Les sages-femmes aussi trouvaient leur intérêt à exploiter le tour. Oh! ces sages-femmes, celles trop nombreuses sans conscience et sans cœur, ce sont elles aujourd'hui qui sont encore la plaie du service par leurs encouragements aux abandons d'enfants! C'étaient alors elles souvent qui servaient d'intermédiaires et qui s'offraient à débarrasser les mères de leurs enfants.

A prix d'argent, elles promettaient le secret le plus absolu aux femmes qui venaient faire leurs couches chez elles et leur insinuaient avec insistance qu'il fallait déposer le nouveau-né au tour. Par faiblesse, par misère ou par souffrance, la mère acceptait. Alors (surtout dans les campagnes) la sage-femme, au lieu d'aller directement au tour de l'hospice de la ville, se contentait d'exposer l'enfant dans l'endroit qui lui semblait le plus favorable. Dès que l'autorité locale avait trouvé ce dépôt, on venait aussitôt chercher la sage-femme, de préférence à toute autre, pour la charger de porter l'enfant à l'hospice; on lui donnait pour cela un salaire, et elle avait ainsi double gain : gain de la mère, gain du public. N'était-ce pas monstrueux? Et n'était-ce pas encore une exposition doublée d'infanticide? Car, durant ce temps, le pauvre enfant était demeuré de longues heures peut-être soumis aux intempéries et, lorsqu'il arrivait à l'hospice, il était mourant.

De plus, le tour n'était pas établi dans tous les départements; en sorte que, là où il était établi, il devenait la sentine des départements voisins. Ne vaut-il pas mieux le système d'aujourd'hui qui répartit d'une manière équitable l'assistance aux enfants selon leur domicile de secours ?

Et puis, si l'on rétablissait le tour, ce serait une grave atteinte portée à ce genre d'assistance que l'on appelle « les secours temporaires », institués pour prévenir les abandons.

Lorsqu'une fille-mère, en effet, a l'intention de délaisser son enfant, on l'engage à le conserver en lui promettant un secours de plusieurs années pour l'élever, et souvent on réussit ainsi à réveiller en elle l'amour maternel. Or, le tour béant, qui attire, lui donnera-t-il ce conseil ? Et pourra-t-on deviner l'intention d'une mère d'y déposer son enfant ? Une fois l'abandon accompli, allez y remédier !

Si vous rétablissez le tour, supprimez la loi bienfaisante des secours temporaires, car elle n'aura presque plus sa raison d'être.

Et tous les abus et les crimes que nous venons de signaler se renouvelleraient certainement avec le rétablissement du tour. L'humanité n'est pas meilleure aujourd'hui qu'elle l'était hier; elle sera toujours la même; et malgré toute la surveillance que l'on voudra établir, le mal et la faiblesse, le crime et la honte ne disparaîtront qu'avec les derniers humains.

Le tour a fleuri trop longtemps et il n'a produit, pour ainsi dire, que des parfums mortels.

Nous avons mieux aujourd'hui.

Avec le système actuel, les inconvénients du tour ont disparu. La duperie est devenue presque impossible de la part des parents ou des sages-femmes; il n'y a plus d'erreurs dans les états civils ; la mortalité des enfants est devenue considérablement moindre et les infanticides sont devenus beaucoup plus rares. Tout se passe maintenant au grand jour, au grand air libre et sain d'une administration intelligente qui agit avec discernement, avec honneur, avec une probité incontestable, tout en gardant une discrétion à toute épreuve.

En supprimant le tour, il a fallu, en effet, le remplacer par un équivalent permettant de conserver ce qu'il pouvait avoir de bon, tout en repoussant ce qu'il offrait d'abusif. Or, nous avons vu, au commencement de ce chapitre, que le tour avait du bon en ce sens qu'il prévenait parfois des maux et des crimes auxquels la honte pouvait pousser une mère vaincue par la souffrance. Donc, l'équivalent fut l'extension du bureau ouvert tel qu'il existe aujourd'hui et auquel la mère, même sans se faire connaître, peut apporter ou faire apporter son enfant que ce bureau reçoit avec le même secret, mais au moins d'une manière intelligente, sous la clarté du soleil, et non d'une manière brutale et hypocrite comme le faisait le tour.

Du reste, le tour était un abîme sans fond qui ne rendait presque jamais sa proie. C'était par le Tour que l'abandon d'un enfant devenait pour ainsi dire permanent. En effet, que la fortune ou l'aisance vienne à remplacer la misère, l'enfant mis au tour avait déjà été oublié; il pouvait à peine être retrouvé; il était comme à jamais perdu dans cet abîme où il demeurait inconnu et, par un tel abandon, le sentiment de la famille se trouvait de nouveau et plus complètement étouffé.

Au contraire, la réception à bureau ouvert permet de ne pas perdre aussi complètement les liens sacrés de la famille, en ce que les parents, revenus à une meilleure fortune, peuvent plus facilement reprendre leur enfant qu'une extrême misère les avait forcés peut-être d'abandonner; de plus, il est permis à ces parents de s'inquiéter du sort de leur enfant, de ne pas le perdre de vue ou plutôt de leur pensée, en ce sens que, s'ils ne doivent pas connaître le lieu où il est placé, ni le voir, ils peuvent du moins en prendre des nouvelles, car, sur leur demande, l'administration ne refuse jamais de leur dire si l'enfant est vivant, mort, malade ou bien portant. Et le sentiment de la famille peut ainsi refleurir encore.

Certes il y a des filles-mères qui abandonnent leur enfant pour toujours; mais il y a aussi des familles dans le malheur qui momentanément ne peuvent garder le leur. C'est précisément un des bienfaits du bureau d'admission de venir au secours de la misère momentanée, d'y venir non plus en aveugle, comme le tour, mais d'une manière intelligente. Le tour était une bouche constamment béante où l'on engouffrait les enfants sans prévision de l'avenir; le bureau d'admission est un asile ouvert pour le moment du besoin, devant une misère constatée qu'il soulage sans la rendre paresseuse et sans la perpétuer, et surtout sans la désespérer.

Le tour pouvait paraître un refuge à la honte et à la faute. Le bureau ouvert n'est-il pas un refuge aussi assuré, puisqu'il garde un secret inviolable pour la mère toutes les fois qu'elle juge à propos d'y recourir. Le secret, voilà la base du service actuel, et ce secret n'est pas plus violé aujourd'hui qu'il ne pouvait l'être par l'antique morceau de bois du tour.

Du reste, ce secret, que les partisans du tour invoquaient tant, est-il si souvent la cause seule des abandons ? Non; car « n'est-il pas vrai, dit M. Durand Saint-Amand, que dans la vie des campagnes, par exemple, l'impossibilité de cacher une faute commise est presque absolue ? La nature et l'habitude des relations du voisinage, la nécessité même des travaux des champs rendent difficile la dissimulation de la grossesse. Et dans la classe industrielle, la femme du peuple, qui aura accompli une conception adultérine, aura bien moins de moyens de la dissimuler à son mari que la femme riche ou tout au moins aisée. Elle n'aura pas les ressources de l'appartement et du lit séparés, de l'éloignement momentané, du voyage coloré de mille prétextes que peuvent fournir les affections de famille, les combinaisons de l'intérêt, ou les soins dispendieux à donner à la santé. La femme et la fille du peuple, par cela seul qu'elles n'auront pas ces facilités de dissimulation, n'en concevront même pas la pensée ».

Et alors, pour elles, à quoi bon le tour !

La femme riche, qui pour sauvegarder l'honneur de sa famille, sera parvenue à dissimuler sa faute et qui voudra le secret, l'aura, puisqu'elle n'est même pas obligée de se faire connaître en faisant apporter son enfant. La femme pauvre aura aussi ce secret, si elle le veut, quoique ce cas soit plus rare, car à quoi lui serait-il bon de déguiser sa personnalité si tout le monde a déjà connu sa grossesse ! Mais enfin si elle parvient à se cacher, elle pourra, aussi bien que tout autre, sauver son honneur dans le secret de l'administration. Alors, je le répète, à quoi bon le tour ! puisque, à la place de ce morceau de bois qui ne voit pas, qui ne sent pas, qui ne peut pas être la charité, il y a le bureau ouvert qui est vraiment, lui, un nouveau tour, mais un tour vivant, intelligent, bienfaisant et tout autant discret.

On peut interroger tous les fonctionnaires du service des enfants assistés de France et l'on verra que les mères qui demandent le secret, en refusant de se faire connaître, sont très rares et forment une exception restreinte; mais on verra aussi que lorsque le cas se présente, l'administration est assez discrète et assez prévoyante pour sauvegarder la vie de l'enfant et l'honneur de sa mère, sans leur ravir toute chance de se retrouver un jour. Or, cet espoir et cette chance, le tour a toujours été impuissant à les donner. Rien qu'en cela, le Tour peut-il soutenir la comparaison avec le système actuel ?

Oui, cet espoir et cette chance de se retrouver, le tour a été impuissant à les donner, car le cylindre en tournant, avait enseveli l'enfant et la mémoire de la mère dans un éternel silence. Et cependant ne rencontre-t-on pas de pauvres filles-mères qui, par une curiosité maternelle bien légitime, désirent de temps à autre connaître des nouvelles de leur enfant, savoir s'il est toujours bien portant ou si la mort ne l'a pas ravi ? Eussent-elles pu prendre ces informations au temps des tours ? Aujourd'hui, on ne leur dira certes pas où l'enfant est placé, car cela deviendrait trop commode d'abandonner un enfant pour être élevé aux frais publics et d'avoir en même temps la joie de l'embrasser et de le voir; mais on les renseignera sur la santé de l'enfant, et ce renseignement, si minime qu'il soit, sera un grand soulagement pour une femme qui a pu faire une faute, mais qui cependant conserve en elle cette tendresse maternelle inhérente à la nature humaine, tendresse ne se pouvant perdre que noyée dans la fange à force de crimes ou d'oubli de soi-même.

Et puis la position de la mère peut changer, la fortune, ou du moins une aisance relative peut lui sourire encore; et ce sourire d'un renouveau de bonheur lui rappellera peut-être un autre sourire qu'elle n'a fait qu'entrevoir, celui du pauvre petit être abandonné..... Elle viendra redemander alors son enfant, et l'administration pourra le lui redonner. Le tour le lui eût-il si facilement rendu ?

Le système actuel laisse une porte ouverte à la réhabilitation de la mère par son enfant. Le tour tenait cette porte presque toujours close à cause des difficultés qui s'entassaient près de sa bouche béante.

Nous ne disons pas que cette mère s'occupera ainsi de son enfant, ni qu'elle voudra le reprendre, mais au moins elle pourrait le vouloir, et nous connaissons des personnes qui l'ont voulu, ce qui leur eût été presque impossible avec le tour. Quand il n'y aurait que cette possibilité d'accéder au vouloir d'une mère, quoique ce vouloir soit très problématique, cela seul suffit pour élever bien au-dessus du tour la création du service actuel qui est certainement un progrès immense. Car qu'y a-t-il de plus délicat et de plus respectable que le sentiment maternel, quelle qu'ait pu être la mère ?

L'administration, telle qu'elle est organisée aujourd'hui, veille avec un soin jaloux sur la santé et les intérêts des enfants abandonnés. Et qu'on ne doute pas de sa maternelle sollicitude envers ses pupilles : la preuve en résulte des lettres nombreuses que, chaque année, au premier jour de l'an, beaucoup d'enfants assistés, placés dans les campagnes, adressent aux inspecteurs du service en les appelant leurs bienfaiteurs et en leur offrant leurs vœux et leur naïve reconnaissance.

L'administration place ses enfants chez des nourrices qui présentent toutes les garanties suffisantes de salubrité, de propreté, de nourriture; elle est à même, plus qu'un particulier, de connaître ses nourrices; et, dès qu'une de celle-ci manque à ses devoirs et aux bons soins, on lui enlève l'enfant.

A des époques indéterminées et à l'improviste, on visite ces enfants pour s'assurer de leur état; puis, lorsqu'ils ont atteint l'âge de treize ans, on les place en condition chez des personnes sûres. Le principal but est de leur procurer un placement familial et aussi de les laisser à la campagne, là où l'agriculture a besoin de tant de bras surtout à notre époque à laquelle beaucoup de fils de paysans, dédaignant le robuste métier de leurs pères, ne veulent plus labourer les champs et affluent dans les villes.

Nous sommes en un siècle où l'on veut partout la lumière. Une nation, dans sa force, est comme l'homme mûr; il faut que sa raison voie clair. Or, on ne voyait pas clair avec le tour; c'était un antre mystérieux qui ne pouvait que fausser l'imagination populaire en laissant planer l'ombre au-dessus de lui.

Cette ombre n'existe plus avec l'Administration actuelle; la discrétion y est jointe à la bienfaisance en plein jour.

Le tour est un procédé qui fait injure à notre siècle. En effet, il a l'inconvénient de n'être pas perfectible; il ne sera toujours qu'une boîte à secret. Or, ce qui n'est pas perfectible peut-il subsister à une époque de progrès comme la nôtre?

Le tour n'avait de bon que de conserver le secret. Or, le secret est assuré tout autant aujourd'hui, et l'honneur d'une femme peut s'y confier sans crainte.

Combien de mères, en effet, n'avons-nous pas vues nous-mêmes venir clandestinement faire leurs couches chez une sage-femme! Celle-ci commence par déclarer à la mairie l'enfant comme né de père et mère inconnus, puis elle vient au bureau des enfants assistés demander un billet d'admission à l'hospice. Alors, suivant le cas, l'inspecteur ou le sous-inspecteur se rend auprès de la mère et lui fait entendre que l'on ne cherche pas à connaître son nom si elle tient à rester ignorée. Mais dans l'intérêt du pauvre enfant qui n'a pas demandé à naître, on l'engage à donner son nom sous pli cacheté, en sorte que, si elle vient à être plus heureuse un jour, si l'amour maternel se réveille impérieusement en elle et si les circonstances le lui permettent, les liens qui l'attachent à son enfant ne soient pas à jamais rompus; car alors quand, poussée par le devoir ou le remords, elle viendra le redemander, on n'aura qu'à ouvrir devant elle le pli cacheté qui renferme son nom pour la reconnaître comme étant vraiment la mère ; et son enfant ne sera plus perdu.

Lorsque la sage-femme n'y a pas mis auparavant d'obstacle, ce qui arrive, hélas ! trop fréquemment, la mère adhère à ces sages conseils, son nom est recueilli avec la plus profonde discrétion : la femme reste inconnue ; son secret ne sera découvert que lorsqu'elle le voudra ; l'avenir est ainsi réservé à la mère comme à l'enfant,... et le tour encore une fois est vaincu.

Au gouffre, qui ne pouvait presque jamais rendre sa proie, a succédé un système qui renferme, pour la faute comme pour le malheur, cette suprême consolation, cette lueur lointaine que l'on nomme l'espérance.

Vous qui, entraînés par votre cœur et par vos idées humanitaires, voulez le rétablissement du tour, souvenez-vous que le tour existe encore : ce n'est plus un cylindre de bois brutal et sans raison : c'est une Administration sage et clairvoyante qui, comme nous le répétons, n'est, après tout, qu'un nouveau tour, mais intelligent, bienfaisant et tout aussi discret.

C'est le tour vivant.

Auprès de lui brille une clarté qui ne donnera plus lieu ni aux abus, ni aux soupçons, ni au mystère.

CHAPITRE XII

LES ENFANTS SOUS LA TROISIÈME RÉPUBLIQUE

Plusieurs années de recueillement et de silence. — On reparle du tour et de son rétablissement, mais sans succès. — On s'occupe du domicile de secours, mais cette tentative reste sans suite. (Jurisprudence actuelle sur le domicile de secours résultant de la loi du 15 juillet 1893 sur l'assistance médicale gratuite.) — Circulaire du 23 novembre 1885 au sujet des tournées que doivent faire les inspecteurs et sous-inspecteurs du service. — **Décrets du 8 mars 1887 et du 23 avril 1900 relatifs au personnel de l'inspection des enfants assistés.** — Circulaire du 20 juillet 1888 dans le but de faire participer le service de l'enfance à la grande Exposition universelle de 1889. — Encouragement des secours temporaires. (Intéressante circulaire du 11 août 1888 à ce sujet.) — Dernières réflexions sur ces secours. — Enfants de plus de douze ans. (Circulaire du 31 janvier 1889.) — Prime de légitimation. (Circulaire du 22 novembre 1890.) — Les enfants moralement abandonnés. Loi du 24 juillet 1889. — **Loi du 19 avril 1898.** — Essai de recherche des causes de la multiplicité des abandons d'enfants. — L'œuvre de la Troisième République. — Projet de loi sur le service des enfants assistés. — C'est dans l'unité qu'existe l'harmonie. — Vœux pour que cette unité dans le service soit accomplie à l'aurore du xxᵉ siècle qui vient de s'ouvrir. — Fin.

Après la chute de l'Empire et les grandes catastrophes de la défaite, la France ne pouvait que longuement se recueillir, car c'est dans le recueillement, ou, pour ainsi dire, dans le reploiement de toutes les forces intérieures en un seul faisceau, que l'on arrive à se ressaisir et à reprendre peu à peu sa puissance et l'espoir.

Mais il faut des années pour panser de telles plaies. Or, durant ces années où le sang ne pouvait d'sparaître encore de la grande blessure, on n'eut pas le loisir de s'occuper beaucoup de l'enfance.

Du reste, le service des enfants assistés pouvait marcher ainsi, car, après la loi de 1869, il avait atteint une sorte de perfectionnement qu'il n'avait pas connu jusque-là.

Le silence se fait donc autour de ce service durant une assez longue période pendant laquelle la France, par ailleurs, n'avait pas trop de toutes ses énergies pour se reconstituer dans ses parties diverses qui toutes avaient souffert.

Enfin ce long silence est rompu, le 12 août 1877, par une circulaire de l'Intérieur dans laquelle le Ministre commence par rendre hommage aux améliorations survenues d'après la loi de 1869. Mais, par une anomalie étrange que certaines critiques avaient sans doute inspirée, le Ministre fait part aux préfets de l'incertitude où quelques esprits se trouvent, en se demandant *si la suppression des tours et le développement des secours temporaires n'influaient pas sur la mortalité des jeunes enfants et même sur la diminution constatée dans le nombre des naissances.*

Une enquête était donc ordonnée pour savoir quelle était la situation des enfants assistés, avant et depuis la fermeture des tours, dans chaque département.

Puis l'année suivante, le 16 juillet 1878, le Ministre communique aux préfets un rapport, ainsi qu'une proposition de loi déposée sur le bureau du Sénat et tendant au rétablissement des tours et à l'abrogation de la loi du 5 mai 1869.

Ce ne furent heureusement là que des tentatives qui ne devaient être suivies d'aucun effet.

Ces tentatives sont intéressantes à noter, car elles montrent que la question des tours était toujours vivace; et, bien que tranchée dans la négative par les esprits les plus sérieux, elle reviendra cependant longtemps encore périodiquement sur le terrain. Il faut espérer, pour l'honneur du service actuel et pour le bien de l'enfance, que ce ne seront toujours que des velléités.

On arrive ensuite, dans un calme plat, à l'année 1881. Le 28 juin, le Ministre de l'intérieur envoie une circulaire dans laquelle il dit que son attention est depuis longtemps appelée sur les inconvénients qu'entraîne la recherche du domicile de secours des enfants assistés.

« Ces inconvénients, dit-il, sont de deux sortes : Au point de vue moral, la recherche du domicile de secours des enfants est de nature à troubler la paix des familles, et le rapatriement, qui en est la conséquence ordinaire, ne fait souvent qu'aggraver la situation.

« Au point de vue administratif, la fixation du département où l'enfant a l'aptitude aux secours publics donne lieu à une correspondance très active et soulève de nombreuses difficultés entre les administrations préfectorales; de là, de fâcheuses complications, des retards inévitables dans la solution des affaires. »

On ne pouvait critiquer avec plus de justice le décret de vendémiaire.

Le Ministre demande alors leur avis aux préfets

afin de remédier à cet état de choses. Mais ce ne fut encore qu'une tentative qui n'eut aucune suite [1].

Après cet essai infructueux, un nouveau silence se fait durant quatre années. C'est alors que la *circulaire du 23 novembre 1885* vient régler les frais de tournées des inspecteurs et sous-inspecteurs du service, en rappelant que l'obligation essentielle de ces fonctionnaires est d'aller contrôler sur place les soins matériels et l'éducation qui sont donnés aux enfants assistés.

---

1. Depuis cette époque, une nouvelle jurisprudence est intervenue au sujet du domicile de secours, jurisprudence beaucoup plus claire et donnant lieu à moins d'ambiguïté que celle de vendémiaire, c'est celle qui résulte du Titre II, articles 6, 7, 8 et 9 de la loi du 15 juillet 1893 sur l'assistance médicale gratuite.

Voici ces articles auxquels aujourd'hui tous les départements se conforment :

DOMICILE DE SECOURS

Art. 6. — Le domicile de secours s'acquiert :

1° Par une résidence habituelle d'un an dans une commune postérieurement à la majorité ou à l'émancipation ;

2° Par la filiation. L'enfant a le domicile de secours de son père. Si la mère a survécu au père, ou si l'enfant est un enfant naturel reconnu par sa mère seulement, il a le domicile de sa mère. En cas de séparation de corps ou de divorce des époux, l'enfant légitime partage le domicile de l'époux à qui a été confié le soin de son éducation ;

3° Par le mariage. La femme, du jour de son mariage, acquiert le domicile de secours de son mari. Les veuves, les femmes divorcées ou séparées de corps, conservent le domicile de secours antérieur à la dissolution du mariage ou au jugement de séparation.

Pour les cas non prévus par le présent article, le domicile de secours est le lieu de la naissance jusqu'à la majorité ou à l'émancipation.

Art. 7. — Le domicile de secours se perd :

1° Par une absence ininterrompue d'une année postérieurement à la majorité ou à l'émancipation ;

2° Par l'acquisition d'un autre domicile de secours.

Si l'absence est occasionnée par des circonstances excluant toute liberté de choix de séjour ou par un traitement dans un établissement hospitalier situé en dehors du lieu habituel de résidence du malade, le délai d'un an ne commence à courir que du jour où ces circonstances n'existent plus.

Art. 8. — A défaut de domicile de secours communal, l'assistance médicale incombe au département dans lequel le malade privé de ressources aura acquis son domicile de secours.

Quand le malade n'a ni domicile de secours communal, ni domicile de secours départemental, l'assistance médicale incombe à l'État.

Art. 9. — Les enfants assistés ont leur domicile de secours dans le département au service duquel ils appartiennent, jusqu'à ce qu'ils aient acquis un autre domicile de secours.

En effet, le plus grand devoir de l'inspection n'est-il pas de veiller sur le sort de ces pauvres enfants, de s'assurer par de fréquentes visites de leur bien-être, de les encourager, et de les empêcher d'être exploités par leurs nourriciers ou leurs patrons?

Quel défenseur plus direct aura l'enfant assisté si ce n'est l'inspecteur?

Ces fonctionnaires doivent donc faire des tournées fréquentes. Ils reçoivent pour cela une indemnité qu'ils ne doivent pas confondre avec un supplément de traitement. C'est dans ce but que la *circulaire du 23 novembre 1885* s'exprime ainsi :

« La surveillance effective des enfants assistés constitue l'obligation essentielle des inspecteurs et sous-inspecteurs du service. Les allocations que les fonctionnaires reçoivent à titre de frais de tournées ne sont, à aucun degré, un supplément de traitement; elles ne sont qu'une indemnité, qu'un dédommagement des sacrifices pécuniaires que s'impose le personnel de l'inspection en allant visiter les pupilles dans les communes de placement.

« A partir du 1ᵉʳ janvier prochain, les indemnités de frais de tournées cesseront d'être mandatées par douzième. Un quart de cette indemnité annuelle sera mandaté, à titre de provision, dès les premières semaines de l'année, au nom de chaque intéressé. Ultérieurement, et sur le vu d'un état justificatif, une nouvelle provision sera ordonnancée pour les besoins du trimestre suivant.

« Il faudra donc joindre aux propositions d'ordonnancement un état mentionnant les communes parcourues, le nombre des enfants visités, les principaux faits constatés et les mesures qui en auront été les conséquences. Ce n'est nullement d'ailleurs un rapport que je demande, mais des indications sommaires, un simple résumé des notes que les inspecteurs et sous-inspecteurs prennent au cours de leurs tournées. »

De telles dispositions étaient sages et utiles, car n'est-ce pas des inspecteurs surtout que dépendent et un bon service et le bien des enfants? On ne mettra jamais trop de soin à choisir à ce sujet le personnel du service parmi les hommes de cœur et de prudence.

Aussi deux années n'allaient pas se passer sans que l'Administration supérieure, pénétrée de cette pensée, ne s'occupât encore de l'inspection puisque c'est par elle que l'on arrive à l'enfant. Et le décret du 8 mars 1887, en abrogeant celui du 31 juillet 1870, vint régler, d'une manière plus nouvelle et davantage dans les besoins du jour, le recrutement du personnel de l'inspection.

Voici ce décret :

Décret

Relatif au personnel de l'inspection des enfants assistés.

(8 mars 1887.)

Le Président de la République,

Sur le rapport du Président du Conseil, Ministre de l'intérieur et des cultes,

Vu la loi du 5 mai 1869 ;

Vu le décret du 31 juillet 1870, réglant le cadre et les conditions d'organisation de l'inspection des enfants assistés ;

Le conseil d'État entendu,

Décrète :

Article premier. — Le personnel chargé, sous l'autorité des préfets, de la surveillance du service des enfants assistés, comprend des inspecteurs, des sous-inspecteurs, des inspectrices et des sous-inspectrices.

Art. 2. — Le ministre de l'intérieur nomme les inspecteurs, les sous-inspecteurs, les inspectrices et les sous-inspectrices ; il pourvoit à leur avancement d'après les règles établies par le présent décret.

Le cadre de l'inspection est fixé : pour le département de la Seine, par le présent décret ; pour les autres départements, par arrêté ministériel.

Art. 3. — Les inspecteurs, dans les départements autres que celui de la Seine, sont choisis exclusivement :

1° Parmi les sous-inspecteurs ayant au moins six années d'exercice ;

2° Parmi les docteurs en médecine et les pharmaciens de 1re classe ayant au moins cinq années d'exercice ;

3° Parmi les inspecteurs de l'enseignement primaire ;

4° Parmi les commis-rédacteurs du ministère de l'intérieur, les chefs de division des préfectures, les secrétaires en chef des sous-préfectures, des mairies et des hospices ou hôpitaux, dans les villes d'au moins 3o ooo âmes.

Tous les candidats devront être âgés de trente ans au moins et quarante-cinq ans au plus ; seuls, les sous-inspecteurs pourront être nommés inspecteurs après l'âge de quarante-cinq ans.

Les candidats visés aux paragraphes 3 et 4 devront compter au moins huit ans de services publics.

Le tiers au moins des inspections qui deviendront vacantes sera réservé aux sous-inspecteurs.

Art. 4. — Les sous-inspecteurs sont choisis, indépendamment des candidats prévus à l'article précédent :

1° Parmi les chefs de bureau et employés des préfectures, des sous-préfectures, des mairies dans les villes d'au moins 1o ooo âmes, les secrétaires et les économes des établissements de bienfaisance possédant au moins 20 ooo francs de recettes ordinaires ;

2° Parmi les instituteurs publics.

Les candidats devront compter au moins cinq ans de services publics, être âgés de vingt-cinq ans au moins et de quarante ans au plus.

Art. 5. — Le cadre du personnel comprend quatre classes d'inspecteurs et de sous-inspecteurs. Il y a, au maximum, un inspecteur par département, sauf dans le département de la Seine.

L'effectif maximum des trois premières classes est réglé comme suit :

1re classe : 25 inspecteurs, 15 sous-inspecteurs.

2e classe : 25 inspecteurs, 15 sous-inspecteurs.

3e classe : 25 inspecteurs, 20 sous-inspecteurs.

Les classes sont personnelles.

Les traitements correspondant à chacune d'elles sont fixés comme suit :

1re classe : inspecteurs, 5 000 francs ; sous-inspecteurs, 3 000 francs.

2e classe : inspecteurs, 4 500 francs ; sous-inspecteurs, 2 800 francs.

3e classe : inspecteurs, 4 000 francs ; sous-inspecteurs, 2 600 francs.

4e classe : inspecteurs, 3 500 francs ; sous-inspecteurs, 2 400 francs.

Les inspecteurs, à l'exception de ceux du département de la Seine, et les sous-inspecteurs seront, à leur entrée dans le service, placés dans la 4e classe du cadre.

Les inspecteurs ne pourront être promus à une classe supérieure qu'après trois ans au moins, et les sous-inspecteurs après deux ans d'exercice dans la classe immédiatement inférieure.

Art. 6. — Les inspecteurs et les sous-inspecteurs, les inspectrices et les sous-inspectrices reçoivent des indemnités de frais de tournées, dont le maximum est fixé pour chacun d'eux par le ministre de l'intérieur.

Les allocations accordées à ce titre devront être la représentation des frais occasionnés et ne seront délivrés aux ayants droit, sauf une provision fixée par le ministre de l'intérieur, que sur la production des justifications prescrites par arrêté ministériel.

Art. 7. — Dans les départements pourvus de deux sous-inspecteurs au moins, un des emplois de sous-inspecteur pourra être remplacé par un emploi de sous-inspectrice.

Pour les conditions d'âge, le traitement et l'avancement, les sous-inspectrices sont assimilées aux sous-inspecteurs ; les trois quarts des sous-inspectrices sont choisies parmi les institutrices des écoles primaires publiques et les directrices des écoles maternelles publiques ayant au moins huit années d'exercice.

Art. 8. — Le cadre de l'inspection des enfants assistés de la Seine comprend six inspecteurs et deux inspectrices[1], qui appartiennent de droit à la 1re classe du cadre.

Art. 9. — Les inspecteurs des enfants assistés de la Seine sont choisis exclusivement :

1° Parmi les inspecteurs des enfants assistés des autres départements parvenus à la 1re classe du cadre ou compris dans la 2e depuis trois ans au moins ;

2° Parmi les docteurs en médecine ayant au moins dix ans d'exercice ;

3° Parmi les chefs de bureau du ministère de l'intérieur, de la préfecture de la Seine et de l'administration générale de l'assistance publique ;

4° Parmi les inspecteurs primaires de la Seine.

Les candidats visés aux paragraphes 3 et 4 devront être en fonctions depuis six ans au moins.

Les inspectrices des enfants assistés seront choisies exclusivement parmi les personnes qui comptent au moins huit ans de services dans l'enseignement public.

Art. 10. — Les candidats aux emplois d'inspecteur et d'ins-

---

1. Cet article 8 a été modifié par décret du 12 juillet 1888 relatif au cadre du personnel des enfants assistés de la Seine ·

Le Président de la République française ;

· ,,
Le Conseil d'État entendu,

Décrète :

Article premier. — Le cadre de l'inspection des enfants assistés de la Seine comprend 8 inspecteurs qui appartiennent de droit à la 1re classe du cadre.

· ·

(Cette modification supprime les emplois d'inspectrices, en ce qui concerne le département de la Seine.)

pectrice des enfants assistés de la Seine sont soumis aux conditions d'âge exigées par l'article 3 du présent décret.

Art. 11. — Jusqu'à ce que l'effectif des inspecteurs et des sous-inspecteurs actuellement en fonctions soit rentré dans les limites du cadre établi par l'article 5, il ne sera pourvu, dans chacune des trois premières classes, qu'à une promotion par deux vacances.

Art. 12. — Le décret du 31 juillet 1870 est abrogé.

Art. 13. — Le Président du conseil, ministre de l'intérieur et des cultes, est chargé de l'exécution du présent décret, qui sera inséré au *Bulletin des lois*.

JULES GRÉVY.

Par le Président de la République :

Le Président du Conseil,
Ministre de l'Intérieur et des Cultes,
RENÉ GOBLET.

Remarquons dès maintenant, pour n'y plus revenir, que l'article 5 de ce décret a été abrogé par un décret postérieur, en date du 1er juillet 1893.

Il est inutile de rapporter ici ce décret du 1er juillet 1893, car il a été complètement abrogé par le *décret du 23 avril 1900* qui est maintenant le seul en vigueur et que, par anticipation, pour former l'unité sur cette question, nous transcrivons à cette place :

Modification apportée à l'article 5 du décret du 8 mars 1887
et abrogation du décret du 1er juillet 1893.

Le Président de la République française,
Sur le rapport du Président du Conseil, ministre de l'intérieur et des cultes,
Vu la loi du 5 mai 1869 ;
Vu les décrets des 8 mars 1887 et 1er juillet 1893 ;
Le Conseil d'État entendu,

Décrète :

Article premier. — L'effectif maximum des deux premières classes de sous-inspecteurs des enfants assistés est réglé comme suit :

1re classe : 25 sous-inspecteurs.

2e classe : 28 sous-inspecteurs.

Les sous-inspecteurs de 4e classe sont promus à la 3e classe après deux ans d'exercice.

Art. 2. — L'article 5 du décret du 8 mars 1887 est abrogé en ce qu'il a de contraire au présent décret.

Est également abrogé le décret du 1er juillet 1893.

Art. 3. — Le Président du Conseil, ministre de l'intérieur et des cultes, est chargé de l'exécution du présent décret.

Fait à Paris, le 23 avril 1900.

Signé : Émile LOUBET.

Assurer ainsi le personnel de l'inspection était une mesure importante qui devait ajouter un perfectionnement de plus dans le service. Ce décret de 1887 et ensuite celui de 1900 ont été rendus pour encourager toutes les bonnes volontés et assurer un avancement mérité aux fonctionnaires dont l'intelligence et le travail auraient fait leurs preuves. Un tel règlement est une ligne de conduite, un chemin tracé, et chacun sait qu'au moins s'il est suivi, l'on peut arriver aux plus légitimes ambitions. Dans son but de suivre fidèlement les termes de cette règle, l'Administration supérieure fait acte de sagesse, car on n'a jamais trop de scrupules pour choisir des fonctionnaires tels que les inspecteurs et sous-inspecteurs qui doivent toujours être à la hauteur de cette mission délicate entre toutes : diriger l'enfant, le surveiller et prendre tous ses intérêts matériels et moraux.

Et, l'on doit le dire sans crainte, ces fonctions ne peuvent qu'être très enviables pour ceux qui ont le sentiment de la dignité humaine, pour ceux qui comprennent combien l'enfant est l'espoir d'un peuple et qui veulent coopérer à la grandeur de ce peuple en se faisant les gardiens de son propre sang, par cela même qu'ils sont chargés de conserver, de protéger et d'élever l'enfance abandonnée.

Cependant la France s'était relevée peu à peu de la défaite de 1870; elle avait repris toute sa fierté de grande nation et semblait comprendre qu'on ne devait déjà plus la regarder comme une vaincue. Elle allait en montrer la preuve par l'admirable Exposition de 1889 dont les merveilles allaient faire l'étonnement du monde entier.

L'œuvre de l'enfance devait avoir sa petite part dans cette grande et universelle exposition.

Dès le 20 juillet 1888, le directeur de l'assistance publique, M. Monod, adressait aux préfets, pour le Ministre de l'intérieur, une circulaire par laquelle il annonçait avoir décidé d'organiser, en vue de l'exposition de 1889, une exposition d'objets se rapportant à l'élevage des enfants du premier âge et *au service des enfants assistés.*

« Cette exposition, disait-il, comprendra deux parties, l'une rétrospective, l'autre contemporaine. Il sera intéressant de comparer, non à l'aide de simples descriptions, mais en ayant les objets eux-mêmes sous les yeux, les modèles de layettes et de vêtures, les berceaux, les biberons, et généralement les effets et ustensiles destinés à la première enfance successivement en usage ; le visiteur sera ainsi à même de connaître, dans leur variété et souvent dans leur rudesse primitive, les différentes méthodes d'élevage infantile.

« Tout en constatant les améliorations réalisées, on reconnaîtra qu'il y a encore de grands progrès à accomplir; et cette exposition présentera, en dehors et au-dessus de l'intérêt de la curiosité, un intérêt d'enseignement et de propagande. »

Les inspecteurs des enfants assistés furent naturellement les auxiliaires de ces préparatifs, car ils étaient tout désignés pour s'entendre à ce sujet avec les commissions administratives des hospices dépositaires.

Cette intéressante exposition eut lieu et montra que désormais les esprits les plus distingués savaient comprendre les moindres détails se rapportant à l'enfance, détails que l'on aurait probablement dédaignés avant le commencement de ce siècle.

Et c'est ainsi que le service, qui nous occupe ici, eut sa part de fête dans cette Exposition nationale qui émerveilla nos contemporains.

Mais ces préparatifs de détails et de fête ne firent pas oublier des préoccupations plus graves. Les secours temporaires avaient déjà pris tant de place dans le service, et leur utilité se montrait si frappante que l'on ne pouvait plus s'en désintéresser. Il fallait encourager ce mode d'assistance et, pour cela, y revenir sans cesse. On en avait déjà beaucoup parlé précédemment, on voulut en parler encore; et une *circulaire du 11 août 1888* vint remettre les fonctionnaires en haleine sur cette partie du service.

Cette circulaire renouvelle les vues et les pensées déjà souvent émises à ce sujet et elle constate certains résultats obtenus tout en déplorant quelques effets contraires. Elle recommande les secours « de premiers besoins » et la délivrance de layettes aux enfants secourus; elle entre, en un mot, dans les détails nécessaires pour assurer le grand but à atteindre, le seul but, du reste, auquel on ne se lasse pas de songer, celui de prévenir les abandons.

Voici donc cette pièce importante et si intéressante au point de vue humanitaire : la citer constitue aussi une page d'histoire, et l'histoire qui se raconte elle-même n'est-elle pas la meilleure ?

« Obtenir d'une fille-mère en la secourant, disait cette circulaire, qu'elle renonce à abandonner son enfant, qu'elle se charge de l'allaiter, si elle le peut, c'est, en règle générale, accroître sensiblement les chances de survie du nourrisson, c'est combattre par un moyen éprouvé le fléau de la mortalité infantile.

« Cette première considération est à elle seule décisive; et nous avons le devoir de développer l'institution des secours temporaires, puisqu'elle sauve bien des existences.

« Souvent, il est vrai, dans les grandes villes notamment, la fille-mère, tout en renonçant à un abandon légal, ne peut ou ne croit pouvoir garder son enfant auprès d'elle pendant les premiers mois de la vie, et le place en nourrice; au cours de cette période, la condition de l'enfant secouru et de l'enfant abandonné, du pupille de l'assistance, ne varie pas d'une manière sensible. Mais tandis que, malgré les efforts faits pour lui procurer un bon placement à la campagne, le pupille de l'assistance risque d'être condamné à l'isolement, l'enfant secouru a une famille, tout au moins une mère; et ce bienfait, il en est redevable à l'institution du secours temporaire.

« Il arrive enfin que le secours temporaire, en déterminant la mère à garder ou à reprendre son enfant procure à celle-ci, en dehors de l'assistance matérielle, un élément de force morale. Il faut absolument ici se préserver d'illusions, ne pas se fier aux promesses et attendre leur effet : comment toutefois ne pas reconnaître que le secours temporaire, qui a pour objet légal et pour principal résultat la protection de l'enfant, a également cette conséquence de faciliter l'accomplissement du devoir maternel ? La femme qui s'en acquitte n'est-elle point, par là même, en voie de relèvement ?

« Ces diverses considérations suffisent à prouver qu'il est indispensable de maintenir et qu'il serait utile de développer l'institution du secours temporaire.

« D'autre part, les départements ont tout avantage, au point de vue budgétaire, à déterminer, par une augmentation du nombre des enfants secourus, une diminution correspondante dans l'effectif des pupilles de l'assistance.

« Le taux du secours temporaire est, le plus souvent, loin d'atteindre le montant du salaire payé à la nourrice : le secours n'est généralement accordé que jusques et y compris la troisième année de l'enfant. Quant au pupille de l'assistance, il est à la charge exclusive de l'administration qui lui tient lieu de famille; même dans les conditions normales, c'est-à-dire lorsqu'il est valide et se conduit bien, il ne peut être placé chez des nourriciers ou patrons que moyennant pension, tant que la loi lui assure le bienfait de l'enseignement primaire; car il ne saurait à la fois fréquenter l'école et se livrer à un travail salarié. En ce qui concerne les pupilles malades ou infirmes et ceux que leur indiscipline ne permet pas de maintenir dans leur placement, c'est jusqu'à leur majorité que les frais de leur entretien incombent au département. Il existe donc une différence considérable entre les dépenses respectives que causent à l'administration l'enfant secouru et le pupille de l'assistance.

« Les avantages multiples de l'institution des secours temporaires n'ont pas suffisamment encore été mis en lumière; aussi dans la grande majorité des départements, le taux de ces secours est-il bien trop modique pour procurer à la fille-mère, et spécialement à l'ouvrière des villes, ce minimum d'assistance à défaut duquel il lui est bien difficile, souvent impossible, de pourvoir à l'entretien de son enfant.

« Je désire vivement dès lors que les préfets obtiennent le vote d'allocations répondant moins imparfaitement aux besoins, permettant, dans une mesure moins étroite, de prévenir les abandons. Je sais à quelle réserve oblige la situation financière des départements; mais, précisément à cause de cette situation, il y a un intérêt nouveau à établir, aux yeux du conseil général, qu'il est possible, par une large et intelligente distribution des secours temporaires, de restreindre le nombre des enfants abandonnés et de mieux remplir en même temps le devoir social de l'assistance.

« En observant la dernière période quinquennale, en comparant la statistique du 31 décembre 1882 et celle du 31 décembre 1887, j'ai la satisfaction de constater que ce résultat est obtenu dans vingt-cinq départements : l'effectif des enfants secourus y a augmenté, et celui des pupilles de l'assistance y a diminué. Il ressort malheureusement du même travail de comparaison que, dans quinze départements, un phénomène inverse s'est produit : le nombre des enfants secourus y a fléchi, tandis que celui des pupilles s'y est élevé.

« Une des mesures qu'il importe le plus de généraliser, c'est l'attribution du secours « de premiers besoins ». Le secours temporaire proprement dit, ne se paye que tous les trois mois; lorsque la décision qui l'accorde intervient dans les premiers jours d'un trimestre, ce n'est donc qu'au commencement du trimestre suivant qu'elle peut recevoir son effet. Ainsi dans les départements où n'existe pas le secours « de premiers besoins », l'impétrante sera obligée d'attendre près de trois mois le payement de la modeste allocation qui lui est concédée; elle n'en profitera pas pendant la période la plus difficile qu'elle doit traverser, celle où elle est à peine rétablie, où elle dépense le plus et travaille le moins, où elle est souvent tenue de payer des dettes contractées à la fin de sa grossesse et dans les premiers jours de sa délivrance. La lointaine échéance des subsides promis décourage bien des bonnes volontés, provoque bien des défaillances : refuser le secours « de premiers besoins », c'est favoriser l'abandon. Il y a, dès lors, un véritable intérêt à créer dans tous les départements cette catégorie d'allocations.

« Au même point de vue, il importe de hâter le plus possible la solution des demandes, en supprimant les formalités qui ne sont pas indispensables et en insistant auprès des municipalités pour recevoir d'urgence les renseignements nécessaires; dans cet ordre d'assistance plus que dans aucun autre, il est vrai de dire que la promptitude du secours en double le prix.

« En consultant la dernière statistique d'ensemble relative au service qui nous occupe, j'ai le regret de constater que dans vingt et un départements encore, il n'était pas délivré de layettes aux enfants secourus : si votre département est au nombre de ceux où existe cette grave lacune, je vous recommande de la signaler au Conseil général, et de lui demander instamment de la combler. La délivrance d'une layette à des enfants dont la mère est souvent réduite à un dénûment presque absolu est une mesure d'humanité que réclame impérieusement la santé de ces nourrissons; j'ajoute que cette allocation supplémentaire contribuera, dans mainte circonstance, à vaincre les hésitations de la mère et à prévenir l'abandon. »

Comme on le voit, cette circulaire énonce des pensées de bienfaisance qui avaient été déjà plusieurs fois émises auparavant, et elle renouvelle des instructions qu'on ne peut jamais trop connaître. Il est toujours utile de répéter les bonnes choses, comme de les méditer, afin de se tenir sans cesse dans l'esprit de la loi.

Nous touchons à la fin de notre ouvrage, et nous ne dirons plus que quelques mots sur les secours temporaires[1]. On l'a déjà compris par tout ce que

---

1. On doit citer ici, pour n'y plus revenir, la circulaire de l'intérieur en date du 22 novembre 1890, par laquelle le Ministre exprime le désir de voir la prime de légitimation ne pas entraîner nécessairement la suppression du secours :

Primes de légitimation.

(Circulaire du Ministre de l'intérieur. — Direction de l'assistance et de l'hygiène publiques.)

Paris, le 22 novembre 1890.

« Monsieur le Préfet, une prime dite de légitimation, généralement fixée à soixante francs, est attribuée aux filles-mères qui, pendant la durée du secours départemental, contractent mariage dans les conditions déterminées par l'article 331 du Code civil : cette allocation met fin au secours.

« Dans tous les cas où les secours promis et non échus excèdent la prime de légitimation, elle ne justifie pas le titre qu'on lui donne ; elle n'encourage pas au mariage, elle incite à le différer : ces cas sont nombreux, puisque dans beaucoup de départements le secours est accordé pour une période de trois années.

« Le conseil général de l'Eure a décidé que l'allocation de la prime de soixante francs, pour légitimation par mariage, n'entraînerait pas comme condition absolue la suppression du secours. Les résultats de cette mesure ne se sont pas fait attendre : en 1888, le nombre des légitimations a atteint 41 alors qu'il n'était que de 23 en moyenne au cours des années précédentes.

« Il y a un intérêt, plus urgent aujourd'hui que jamais, à favoriser les mariages : je verrais donc avec satisfaction que l'exemple donné par le conseil général de l'Eure, exemple récompensé par un succès immédiat et décisif, fût suivi dans tous les départements ; au prix d'une très modique dépense on ferait un grand bien.

« Je vous prie de bien vouloir proposer au conseil général de votre nous avons cité, la raison des abandons est beaucoup plus souvent le résultat de la misère que celui de la honte et de la pudeur de la mère. Or, si l'on vient en aide à la misère, n'aura-t-on pas trouvé le moyen de réduire le nombre des enfants abandonnés ?

C'est par le secours temporaire que l'on obtiendra ce résultat.

Ce secours est, par exception, accordé aux enfants légitimes qui demeurent orphelins et sont recueillis par des collatéraux ou des étrangers, à ceux dont le père ou la mère a disparu, etc.

« Mais le grand principe, a dit un défenseur de ce système, est de le réserver exclusivement aux filles qui, ayant failli, ne se sentent pas le courage, surtout à cause de leur entier dénuement et de la solitude qui se fait autour d'elles, de remplir les devoirs de la maternité; qui se laissent abattre à la vue des peines qui les attendent; qui cèdent à une sorte de nécessité physique et morale en abandonnant leurs enfants. C'est dans ce cercle qu'il faut renfermer les secours par lesquels nous cherchons à relever et à encourager ces mères.

---

département de décider, qu'à moins de circonstances exceptionnelles dont le préfet sera juge, la prime de légitimation n'entraînera pas la suppression du secours.

« Je vous serai obligé de m'informer ultérieurement de l'accueil qu'aura reçu votre proposition et, en attendant, de m'accuser réception de la présente circulaire par un des prochains courriers.

« Recevez, etc.

« Pour le Ministre de l'intérieur :

« *Le Directeur de l'assistance et de l'hygiène publiques,*

« H. MONOD. »

« Du reste, ce secours n'est qu'une simple assistance et n'est pas assez conséquent pour encourager la paresse. Il ne doit être qu'un allégement à la misère qu'il ne peut ni éteindre ni complètement soulager ; car il est juste, il est moral de laisser toujours aux indigents le sentiment de la nécessité, dont l'énergie seule peut les pousser à sortir de leur triste état par le travail et la bonne conduite. Le secours doit donc aider ; il ne doit jamais donner une entière satisfaction aux besoins. »

Cette pensée n'est-elle pas faite pour relever la dignité humaine des malheureuses forcées de recourir aux secours publics ?

Après cette question des secours temporaires, en vint une autre tout aussi sérieuse et qui se présentait sous un point de vue tout nouveau, c'était celle des enfants maltraités que l'on allait appeler « les moralement abandonnés ».

Depuis longtemps, cette question hantait les esprits sérieux et les cœurs charitables.

Que de nombreux enfants l'on rencontre, en effet, vivant avec des parents indignes qui leur donnent les plus fâcheux exemples, les envoient vagabonder et mendier, s'en servent pour le vol et la prostitution, tirent d'eux un profit journalier !

Ces enfants ne sont pas abandonnés effectivement par leurs parents, mais ils se trouvent dans un *abandon moral* qui peut les conduire à tous les vices et faire d'eux un danger pour la société.

D'autres appartiennent à des familles moins mauvaises qui n'encourent pas la déchéance de la puissance paternelle, mais qui, incapables de les surveiller, les laissent livrés à eux-mêmes, « souvent au péril de leur santé, toujours au détriment de leur moralité et de leur avenir. »

Ceux-ci, comme les premiers, se trouvent dans un véritable abandon moral, presque aussi dangereux pour eux.

Or, pour sauver ces enfants, il parut nécessaire de les soustraire à leur triste milieu en leur constituant une tutelle étrangère à celle de leur famille.

Par une longue circulaire du 31 août 1888, le ministre ordonnait une enquête à ce sujet[1].

---

1. Entre temps, la circulaire suivante, en date du 21 janvier 1889, paraissait sur les enfants abandonnés de plus de douze ans.

Enfants abandonnés de plus de douze ans. — Admission à l'hospice dépositaire.

(Circulaire du Ministre de l'intérieur. — Direction de l'assistance publique.)

Paris, le 21 janvier 1889.

« Monsieur le Préfet, l'instruction ministérielle du 8 février 1823 sur l'administration et la comptabilité des hospices et des bureaux de bienfaisance dispose « qu'aucun enfant abandonné ne peut être « admis (à l'hospice dépositaire) s'il a atteint sa douzième année « (chapitre II, 4e partie). »

« Cette interdiction ne résulte pas du décret du 19 janvier 1811. Il déclare, il est vrai, que le prix de pension des pupilles chez des cultivateurs ou des artisans cessera d'être payé à partir de la douzième année (art. 9); mais cette déclaration n'est que la constatation du fait habituel, elle n'équivaut pas à une défense de recueillir les enfants qui se trouvent à l'état d'abandon après avoir dépassé cet âge.

« En tout cas, l'interprétation restrictive faite en 1823 du décret de 1811 est inconciliable avec le devoir social de l'assistance à l'égard de la classe de déshérités la plus intéressante, celle des enfants abandonnés. Dans la grande majorité des départements, cette interprétation, repoussée d'ailleurs par mon administration, a cessé d'être admise. Il arrive cependant qu'à l'occasion des contestations qu'a-

De cette enquête devait sortir, l'année suivante, la loi du 24 juillet 1889, qu'il est important de citer entièrement avec les instructions qui la précèdent :

Loi du 24 juillet 1889

Sur la protection des enfants maltraités ou moralement abandonnés.

INSTRUCTIONS

Paris, le 16 août 1889.

Monsieur le Préfet, les Chambres viennent de voter la loi, depuis si longtemps en préparation et si justement réclamée, sur la protection des enfants maltraités ou moralement abandonnés. Le gouvernement de la République a le devoir de procurer le plus tôt possible l'application de cette loi d'humanité et de progrès social ; pour y parvenir, il a besoin de la coopération des conseils généraux, et il la demande avec une entière confiance.

Vous trouverez ci-après le texte de la nouvelle loi ; je veux en indiquer ici les dispositions essentielles et vous faire connaître l'économie financière du service qui va être institué.

La loi du 24 juillet 1889 comprend deux titres correspondant à une distinction fondamentale.

Le titre premier détermine le cas où les parents indignes

---

mène entre les départements la reconnaissance du droit de tel ou tel enfant à l'assistance, on invoque parfois encore la disposition susvisée de l'instruction de 1843.

« Afin de prévenir désormais toute contestation à cet égard, j'ai l'honneur de vous faire connaître que je rapporte expressément cette disposition.

« Je vous prie de m'accuser réception de la présente circulaire par un des prochains courriers.

« Recevez, etc.

« *Le Président du Conseil, ministre de l'intérieur,*
« Ch. FLOQUET. »

sont déchus de la puissance paternelle, la procédure de la déchéance et les mesures à prendre dans l'intérêt des enfants ; il prévoit également pour les parents frappés de déchéance la possibilité de se faire restituer la puissance paternelle, et fixe les conditions auxquelles cette faveur est subordonnée.

Le second titre organise la protection :

1° Des mineurs de seize ans que des pères, mères ou tuteurs autorisés par le conseil de famille ont confiés à des administrations d'assistance publique, à des associations de bienfaisance régulièrement autorisées à cet effet, à des particuliers jouissant de leurs droits civils ;

2° Des mineurs de seize ans que des administrations d'assistance publique, des associations de bienfaisance régulièrement autorisées à cet effet, des particuliers jouissant de leurs droits civils ont recueillis sans l'intervention des père et mère ou tuteur.

La déchéance de la puissance paternelle est de plein droit ou facultative.

Elle est encourue *de plano* à la suite des condamnations et des constatations que prévoit l'article 1er.

La simple lecture de ces articles suffit à prouver combien était grave la lacune que la nouvelle loi est venue combler, à quel point, le vœu de l'opinion a devancé à cet égard l'action du législateur. On ne s'explique pas que des abus monstrueux de la puissance paternelle se soient produits, que l'indignité manifeste des parents ait été judiciairement établie, sans entraîner, sans pouvoir entraîner leur déchéance.

On ne s'explique point, par exemple, que le père condamné pour crime commis sur la personne de son enfant ou de complicité avec lui, que le père condamné deux fois pour excitation habituelle de mineurs à la débauche, reste investi de la puissance paternelle. On a peine à croire qu'hier encore le père condamné pour excitation habituelle d'un de ses enfants à la débauche conservait cette puissance à l'égard de ses autres enfants.

La déchéance est facultative pour les tribunaux dans les cas prévus par l'article 2, c'est-à-dire : 1° dans le cas de certaines condamnations énumérées aux 1er, 2e, 3e et 4e paragraphes de cet article ; 2° lorsque les tribunaux jugeront que l'enfant envoyé en correction jusqu'à sa vingtième année ne devra pas, ce terme arrivé, être rendu à ses parents ; 3° en dehors de

toute condamnation, lorsque les père et mère, par leur ivrognerie habituelle, leur inconduite notoire et scandaleuse, ou
par de mauvais traitements, compromettront soit la santé,
soit la sécurité, soit la moralité de leurs enfants.

Facultative ou encourue *de plano*, la déchéance est indivi-
sible ; dans tous les cas, et sous réserve de la dette alimentaire qu'elle laisse subsister entre les ascendants déchus et
l'enfant, elle entraîne la perte de tous les droits qui se rattachent à la puissance paternelle.

Je n'ai pas à examiner la procédure de déchéance : c'est à
M. le garde des sceaux qu'il appartient d'adresser, pour
l'exécution de cette partie de la loi, des instructions à MM. les
chefs de parquet. L'autorité administrative a sans doute le
devoir de signaler au ministère public les père et mère et
ascendants qui tombent sous le coup du sixième paragraphe
de l'article 2, la disposition la plus importante de la loi, celle
que je viens de reproduire, et qui permet de retirer la puissance paternelle aux parents qui compromettent soit la santé,
soit la sécurité, soit la moralité de leurs enfants. Ce devoir,
vous le remplirez avec toute la vigilance désirable. Mais l'autorité administrative ne saurait être partie au procès, elle n'a
pas qualité pour requérir la déchéance : aux termes de l'article 3, « l'action en déchéance est intentée devant la chambre
du conseil du tribunal du domicile ou de la résidence du père
ou de la mère par un ou plusieurs parents du mineur au degré
de cousin germain ou à un degré plus rapproché, ou par le
ministère public ».

D'après le premier paragraphe de l'article 4, « le procureur
de la République fait procéder à une enquête sommaire sur
la situation de famille du mineur et sur la moralité de ses parents connus, qui sont mis en demeure de présenter au tribunal les observations et oppositions qu'ils jugeront convenables ». Lorsque MM. les chefs de parquet croiront devoir
demander à cet effet le concours de l'administration, vous
vous empresserez, j'en suis persuadé, de seconder l'action de
la justice et de transmettre aux magistrats les informations
qu'il vous aura été possible de recueillir.

L'article 5 décide que, « pendant l'instance en déchéance,
la chambre du conseil peut ordonner, relativement à la garde
et à l'éducation des enfants, telles mesures provisoires qu'elle
juge utiles ». La remise de l'enfant à l'Assistance publique

sera souvent une de ces mesures : vous aurez alors à faire exécuter d'urgence la décision de la chambre du conseil en admettant provisoirement l'enfant dans le service des enfants assistés, quel que soit d'ailleurs le domicile de secours de cet enfant. Celui-ci aura été déclaré par le tribunal en danger physique ou en danger moral : il s'agit de le soustraire immédiatement à ce danger, et l'accomplissement de ce devoir ne saurait, sous aucun prétexte, être subordonné à la constatation, souvent longue et difficile, du domicile de secours. Le recours contre le département débiteur s'exercera ultérieurement.

En cas de déchéance prononcée, ou bien le tribunal décide que la tutelle sera constituée dans les termes du droit commun, ou bien il n'est pas institué de semblable tutelle. Dans ce second cas, « la tutelle est exercée par l'Assistance publique conformément aux lois des 15 pluviôse an XIII et 10 janvier 1849 ainsi qu'à l'article 24 de la présente loi. Les dépenses sont réglées conformément à la loi du 5 mai 1869.

« L'Assistance publique peut, tout en gardant la tutelle, remettre les mineurs à d'autres établissements ou même à des particuliers. » (Art. 11.)

L'application de l'article susvisé entraînera donc des dépenses. J'y reviendrai plus tard. Dès à présent je vous fais observer qu'aux termes de l'article 12, « le tribunal, en prononçant sur la tutelle, fixe le montant de la pension qui devra être payée par les père et mère et ascendants auxquels des aliments peuvent être réclamés, ou déclare qu'à raison de l'indigence des parents il ne peut être exigé aucune pension ». Or, le bénéfice de l'article 12 appartient évidemment à l'administration tutrice ainsi qu'au tuteur de droit commun ; il doit être strictement revendiqué par celle-ci, moins encore afin de diminuer les charges de l'assistance qu'afin de donner satisfaction à la conscience publique. Il serait immoral et d'un funeste exemple de laisser des parents qui ne sont pas indigents tirer un profit matériel de la déchéance, alors que tant d'autres s'imposent pour élever leurs enfants un travail acharné et de dures privations.

L'article 13 institue un genre nouveau de tutelle officieuse et cette disposition intéresse l'administration départementale. Comme l'a fait remarquer le rapporteur du projet du gouvernement au Conseil d'État, M. Courcelle-Seneuil, « elle ne suppose ni vues d'adoption ni établissement de liens de famille quelconques ; elle a simplement la forme d'un acte de bienfaisance louable entre tous les autres, mais qui ne confère au pupille aucun droit actuel ou éventuel sur les biens du tuteur. Une fois l'enfant élevé, en état de gagner sa vie, toutes les obligations de droit sont remplies, et il ne reste qu'un lien purement moral entre le tuteur et le pupille ». D'après le dernier paragraphe de cet article, lorsqu'un enfant aura été placé par l'Assistance publique chez un particulier, celui-ci pourra, après trois ans, s'adresser au tribunal et demander que l'enfant lui demeure confié dans les conditions de la nouvelle tutelle officieuse ; et l'administration se trouverait ainsi exonérée de la dépense de son entretien. D'ailleurs, si le tuteur officieux abusait de son autorité, l'administration ne serait pas désarmée ; elle pourrait toujours, en vertu de la prérogative générale qui lui est conférée par l'article 23, obtenir du tribunal la réintégration de l'enfant au nombre des pupilles de l'Assistance.

Aucune des dispositions de la loi ne comporte de déchéance irrémissible ; mais la restitution de la puissance paternelle est entourée des plus sérieuses garanties. Elle ne peut être prononcée à l'égard des parents déchus à la suite de condamnations qu'autant qu'ils auront été réhabilités. Quant aux parents qui ont été l'objet des paragraphes 5 et 6 de l'article 2, ils n'ont qualité pour introduire l'action que trois ans après le jour où le jugement qui a prononcé la déchéance est devenu irrévocable. L'avis du conseil de famille est obligatoire. Le tuteur, administration tutrice ou tuteur de droit commun, présente les observations et oppositions qu'il juge convenables. Enfin la demande qui a été rejetée ne pourra plus être réintroduite, si ce n'est par la mère, après la dissolution du mariage.

En résumé, la nouvelle loi défère à l'Assistance publique la tutelle des enfants dont les parents sont déchus de la puissance paternelle, lorsqu'une tutelle de droit commun n'est pas instituée à l'égard de ces enfants ; elle met leur entretien à la charge de l'Assistance publique lorsqu'il est établi par une décision judiciaire qu'à raison de l'indigence des parents il ne peut être exigé aucune pension. L'enfant de parents déchus, l'enfant qui n'a pas un tuteur de droit commun, se trouve à l'état d'abandon ; il est un orphelin légal : c'est la société, représentée par l'Assistance publique, qui doit pourvoir à l'éducation et à l'entretien de cet enfant.

Telles sont, au point de vue administratif, les dispositions essentielles du titre Ier.

Le titre II vise une autre catégorie d'enfants que celle dont je viens de parler ; il ne concerne pas les enfants de parents déchus : il a pour objet la protection des mineurs de seize ans que l'on désigne en général sous le nom de *moralement abandonnés*.

En dehors des enfants auxquels s'applique le décret du 19 janvier 1811, et que l'Assistance publique recueille aujourd'hui, en dehors des enfants à l'égard desquels les parents seront déchus de la puissance paternelle et que l'Assistance publique recueillera en vertu du titre Ier, il existe un certain nombre d'enfants auxquels leurs parents ne peuvent pas ou ne veulent pas assurer le minimum rigoureusement indispensable de surveillance, d'éducation ou de soins matériels. Ces parents n'ont subi aucune des condamnations prévues par les articles 1 et 2 de la nouvelle loi ; ils ne tombent pas sous le coup du dernier paragraphe de l'article 2 ; ils ne compromettent ni par des habitudes d'ivrognerie, ni par une inconduite notoire et scandaleuse, ni par de mauvais traitements, soit la santé, soit la sécurité, soit la moralité de leurs enfants. Ils n'encourent pas dès lors la déchéance ; et pourtant leurs enfants sont délaissés, souvent au péril de leur santé, toujours au détriment de leur moralité et de leur avenir.

Le délaissement moral de l'enfant, à combien de drames domestiques donne-t-il lieu ! drames dont les péripéties ne varient guère et dont le dénouement est uniformément triste.

C'est un apprenti que son père est incapable ou néglige de surveiller, et qui, à raison de son incurie ou de son indiscipline, se fait renvoyer par ses patrons ; après chaque renvoi, il n'est reçu que dans des maisons où, à tous les points de vue, les garanties décroissent ; il travaille de moins en moins ; il finit par être un déserteur de l'atelier ; il a été d'abord la victime, il devient vite le complice des mauvais sujets qui l'ont graduellement circonvenu et finalement conquis. Ce n'est pas, au sens légal du terme, un vagabond, puisqu'il a un foyer et qu'il est censé y habiter. S'il vit dans la paresse et l'inconduite, il ne commet pas encore de délits caractérisés ; la juridiction répressive n'a pour le moment pas de prise sur lui ; elle ne le saisira que le jour où l'œuvre d'amendement sera devenue extrêmement difficile, pour ne pas dire impossible.

C'est une jeune fille que sa mère, ouvrière occupée au loin, partant au jour, rentrant à la nuit, voit à peine, et qui, elle aussi, abandonne peu à peu le travail, ou qui a le malheur d'être placée dans un atelier aux dangereuses promiscuités. L'oisiveté, dans un cas, les mauvais conseils et les mauvais exemples, dans l'autre, la conduisent presque inévitablement à la chute. L'enfant séduite aujourd'hui est bien exposée à devenir la prostituée de demain.

Il est évident qu'à la corruption de l'enfance, le pire fléau d'une société, on doit surtout opposer l'action préventive. Cette action, elle rencontrait dans nos lois un obstacle formidable que la réforme d'hier fait disparaître. Jusqu'à présent, les administrations d'assistance publique, les associations de bienfaisance, les personnes charitables manquaient de l'arme légale indispensable pour entreprendre avec sécurité et poursuivre avec fruit l'éducation des enfants moralement abandonnés. Je crois devoir placer ici sous vos yeux une page de l'exposé des motifs, qui indique à la fois le mal et le remède.

« Quel est ici l'obstacle à surmonter, celui que les personnes ou les établissements charitables ne peuvent pas ne pas prévoir, dont la pensée d'abord arrête ou ralentit les initiatives, ensuite entrave l'œuvre de relèvement, et contre lequel viennent enfin si souvent se briser et se perdre les résultats salutaires qui semblaient acquis ?

« Un père obtient l'admission de son enfant dans un établissement de bienfaisance. L'enfant est trop jeune pour se livrer à un travail productif ; il constitue donc une charge. Il grandit ; il est pourvu d'une instruction élémentaire ; il devient, au sens économique du terme, une valeur : c'est alors qu'il est réclamé par son père. L'œuvre oppose à ce dernier un engagement qu'il a souscrit : le père en effet s'est engagé à laisser l'enfant dans l'établissement jusqu'à la majorité ou à rembourser à l'œuvre le montant des frais d'entretien et d'éducation. L'engagement est, dans la forme, d'une régularité irréprochable. Le père, s'il retire l'enfant, devient débiteur de l'établissement ; mais, fût-il insolvable, la personne de l'enfant ne saurait être le gage de la créance. L'œuvre gagnerait le procès et perdrait l'enfant : pourquoi plaiderait-elle ? Dans l'état actuel de notre législation, le juge ne peut pas ne pas ordonner la remise de l'enfant au père, si indigne que soit le père. Heureux encore cet enfant quand il ne sera qu'exploité ! S'il s'agit d'une jeune fille, le danger est terrible.

« A un tel abus, nous ne voyons qu'un remède, le dessaisissement judiciaire de la puissance paternelle. C'est le seul moyen de protéger les enfants contre ses retours offensifs ; il n'est pas bon qu'elle ait de ces intermittences, que le père soit à même de l'abdiquer, quand elle lui impose une charge, et de la reprendre, quand elle lui vaut un bénéfice. »

Le dessaisissement judiciaire de la puissance paternelle est institué par l'article 17 :

« Lorsque des administrations d'assistance publique, des associations de bienfaisance régulièrement autorisées à cet effet, des particuliers jouissant de leurs droits civils ont accepté la charge de mineurs de seize ans que des pères, mères ou des tuteurs autorisés par le conseil de famille leur ont confiés, le tribunal du domicile de ces pères, mères ou tuteurs peut, à la requête des parties intéressées agissant conjointement, décider qu'il y a lieu, dans l'intérêt de l'enfant, de déléguer à l'Assistance publique les droits de puissance paternelle abandonnés par les parents et de remettre l'exercice de ces droits à l'établissement ou au particulier gardien de l'enfant.

« Si des parents ayant conservé le droit de consentement au mariage d'un de leurs enfants refusent de consentir au mariage en vertu de l'article 148 du Code civil, l'Assistance publique peut les faire citer devant le tribunal, qui donne ou refuse le consentement, les parents entendus ou dûment appelés dans la chambre du conseil. »

L'exposé des motifs que vous trouverez au fascicule 18 des publications du Conseil supérieur de l'Assistance publique, et auquel je vous engage à vous référer, contient un commentaire détaillé de chacune de ces dispositions ; il signale notamment la portée pratique de la distinction faite entre les droits de la puissance paternelle nécessairement dévolus à l'État, et l'exercice de ces droits qui peut être délégué à des particuliers. Indépendamment de la prérogative conférée par le second paragraphe de l'article 17, l'Assistance publique devra, en vertu de l'article 22, exercer en tout temps une surveillance, dont le fonctionnement sera réglé par décret, sur les gardiens de l'enfant. En vertu de l'article 23, elle pourra en tout temps demander que l'enfant leur soit retiré. Ainsi, ce né sera jamais d'une manière irrévocable que pourra être remis aux associations ou aux particuliers l'exercice d'une partie des droits de la puissance paternelle : l'autorité publique à laquelle les droits appartiennent en contrôlera d'une manière permanente l'exercice.

« Nous pensons qu'ainsi nous aurons atteint un triple but : nous aurons maintenu le principe de la dévolution à l'État de la puissance paternelle abandonnée par son détenteur naturel ; nous aurons respecté la volonté du père sans autre limitation à ce respect que l'intérêt de l'enfant ; nous aurons procuré aux gardiens, avec la même limitation, la sécurité indispensable au succès de leur œuvre. »

Cette stabilité, ces garanties d'avenir, condition de toute réforme, la loi nouvelle les procure ; le service des *moralement abandonnés* peut se créer ou se développer avec toute l'ampleur nécessaire. Tous les départements vont pouvoir suivre avec confiance l'exemple que leur a donné celui de la Seine en instituant un semblable service dès le 1er janvier 1881, en devançant ainsi de plus de sept ans l'action du législateur. Mais ce n'est pas seulement aux départements que le législateur fait appel pour cette généreuse entreprise de la préservation ou du relèvement de l'enfance délaissée.

Il veut accueillir, il veut provoquer toutes les bonnes volontés, toutes les initiatives désintéressées : une décision judiciaire peut remettre à des associations de bienfaisance, à des particuliers, l'exercice des droits de puissance paternelle abandonnés par les parents. Il est toutefois nécessaire, aux termes de l'article 17, que les associations de bienfaisance, pour être admises à recevoir des tribunaux une telle délégation, soient « régulièrement autorisées à cet effet ». La restriction s'imposait, car aucune des autorisations antérieurement accordées aux associations de bienfaisance ne l'a été en vue d'une subrogation possible de ces associations aux familles pour la tutelle des mineurs, et la concession d'une prérogative aussi considérable doit être subordonnée à de sérieuses garanties. Je vous indiquerai ultérieurement les justifications qu'auront à produire les associations qui se mettront en instance pour obtenir l'autorisation prévue par l'article 17.

L'article 18 détermine la procédure du dessaisissement judiciaire de la puissance paternelle. Dans tous les cas, que l'enfant ait été confié par ses parents ou par son tuteur à une administration d'assistance publique, à une association de bienfaisance ou à un particulier, le représentant de l'Assistance publique doit être appelé par le tribunal. Cette disposition est la conséquence du principe posé dans l'article 17, en vertu duquel, si l'exercice des droits abandonnés par les parents peut être délégué à des associations ou à des particuliers, ces droits eux-mêmes sont nécessairement dévolus à l'État.

Il arrive que des enfants sont recueillis sans l'intervention des parents : le cas, bien qu'exceptionnel, devait être prévu ; il fait l'objet des articles 19 et 20. Le premier de ces articles impose aux administrations d'assistance publique, aux associations de bienfaisance et aux particuliers qui ont recueilli des mineurs de seize ans sans l'intervention des père et mère ou tuteur, l'obligation de faire une déclaration dans les trois jours au maire de la commune sur le territoire de laquelle l'enfant a été recueilli, et, à Paris, au commissaire de police.

Une même règle s'applique, vous le voyez, aux administrations et aux particuliers ; j'ajoute qu'en cas d'infraction les sanctions sont les mêmes. De leur côté, les maires et les commissaires de police doivent transmettre ces déclarations au préfet, et, dans le département de la Seine, au préfet de police. Ces déclarations doivent être notifiées dans un nouveau délai de quinzaine aux parents de l'enfant. Ainsi, dans un délai maximum d'un mois et trois jours, il reçoivent l'avis officiel de la mesure d'assistance dont leur enfant a été l'objet, et, tant qu'une période de trois mois ne s'est pas écoulée à dater de la déclaration, ils sont libres de reprendre leur enfant. Il importe toutefois que la condition légale du mineur reste le moins longtemps possible en suspens : aussi, dès que la période de trois mois est expirée, ceux qui ont recueilli le mineur peuvent-ils, aux termes de l'article 20, adresser au président du tribunal de leur domicile une requête afin d'obtenir que, *dans l'intérêt de l'enfant*, l'exercice de tout ou partie des droits de la puissance paternelle leur soit confié. Vous trouverez dans le second paragraphe de cet article une application nouvelle de la règle générale en vertu de laquelle la puissance paternelle, abandonnée par son détenteur naturel, est dévolue *de plano* à l'Assistance publique.

Si, comme je l'ai montré plus haut, le législateur n'a pas créé de déchéance irrémissible de la puissance paternelle, il n'a pas voulu non plus donner un caractère irrévocable au dessaisissement judiciaire de cette puissance : aussi, dans les cas visés par l'article 17 et l'article 19, les père, mère ou tuteur peuvent-ils obtenir du tribunal de la résidence de l'enfant que ce dernier leur soit rendu. (Article 21.)

« Si le tribunal juge qu'il n'y a pas lieu de rendre l'enfant aux père, mère ou tuteur, il peut, sur la réquisition du ministère public, prononcer la déchéance de la puissance paternelle ou maintenir à l'établissement ou au particulier gardien les droits qui lui ont été conférés en vertu des articles 17 ou 20. En cas de remise de l'enfant, il fixe l'indemnité due à celui qui en a eu la charge, ou déclare qu'à raison de l'indigence des parents, il ne sera alloué aucune indemnité. » (Article 21.)

Ces dispositions ne comportent pas un commentaire détaillé. La remise aux parents ne sera décidée que dans l'intérêt de l'enfant ; elle sera sans doute un fait rare ; mais, lorsqu'elle sera jugée conforme à cet intérêt, le manque de ressources des parents ne sera pas un obstacle à la mesure. La même latitude, vous le savez, est laissée au tribunal ; quand il prononce la restitution de la puissance paternelle, « il fixe, suivant les circonstances, l'indemnité due au tuteur, ou déclare qu'à raison de l'indigence des parents il ne sera alloué aucune indemnité ». (Art. 16.)

La demande en remise de l'enfant qui a été rejetée ne peut plus être renouvelée que trois ans après le jour où la décision de rejet est devenue irrévocable. (Article 21.)

Aux termes de l'article 16, *in fine*, la demande en restitution de la puissance paternelle, qui aura été rejetée, ne pourra plus être réintroduite, si ce n'est par la mère, après la dissolution du mariage.

Ces deux dispositions procèdent de la même pensée. Il ne faut pas que la situation du mineur soit instable, qu'au sujet de sa personne les instances judiciaires se multiplient : ne pas leur opposer une barrière légale, ce serait désorienter l'enfant, troubler son éducation, compromettre son avenir.

L'article 22 place sous la surveillance de l'État, représenté par le préfet du département, les enfants confiés à des particuliers ou à des associations de bienfaisance dans les conditions de la nouvelle loi ; il décide qu'un règlement d'administration publique déterminera le mode de fonctionnement de cette surveillance ainsi que de celle qui sera exercée par l'Assistance publique ; il édicte des peines pour les cas d'infraction à ce règlement. Je soumettrai prochainement au

Conseil d'État un projet de décret en vue d'organiser la surveillance prévue par l'article 22.

A cette surveillance l'article 23 attache la sanction la plus juste et la plus efficace.

« Le préfet du département de la résidence de l'enfant confié à un particulier ou à une association de bienfaisance, dans les conditions de la présente loi, peut toujours se pourvoir devant le tribunal civil de cette résidence afin d'obtenir, dans l'intérêt de l'enfant, que le particulier ou l'association soit dessaisi de tout droit sur ce dernier et qu'il soit confié à l'Assistance publique. » (Article 23.)

Ainsi les pouvoirs conférés en vertu de la nouvelle loi aux associations et aux particuliers ne sont jamais définitifs : c'est l'intérêt de l'enfant qui seul en motive la délégation initiale ; c'est le même intérêt qui seul en justifie le maintien ; la permanence de l'investiture ne se légitime que par la continuité du bienfait. Mais, si le mandat de protection que les associations et les particuliers reçoivent à l'égard de l'enfant est toujours révocable, il ne peut jamais être révoqué que par une décision de justice. Cette disposition ne laisse aucune place au pouvoir discrétionnaire de l'administration, laquelle est seulement partie au procès ; elle procure aux établissements et aux particuliers les sûretés qu'ils sont en droit de réclamer ; elle est rigoureusement conforme à ce principe fondamental de notre législation en vertu duquel les tribunaux civils sont seuls juges de toutes les questions d'état. J'ajoute que la décision du tribunal peut être frappée d'appel, soit par le préfet, soit par l'association ou le particulier intéressé, soit par les parents ; il est inutile d'insister sur l'importance de ce surcroît de garanties. En cette matière toutefois l'appel n'est pas suspensif ; on ne peut admettre qu'au cours de l'instance en appel, c'est-à-dire pendant une période souvent longue, le mineur soit maintenu dans un placement reconnu dangereux par le tribunal.

Aux termes de l'article 24, les représentants de l'Assistance publique pour l'exécution de la présente loi sont les inspecteurs départementaux des enfants assistés et, à Paris, le directeur général de l'Assistance publique.

Cette délégation rehausse l'autorité des inspecteurs : ils s'attacheront avec ardeur à l'importante mission qu'ils reçoivent ; ils se montreront dignes de la confiance que leur témoigne le législateur. L'attribution qui leur est conférée, en même temps qu'elle relève leur fonction, augmente la somme de travail déjà considérable qu'ils ont à fournir. Quand le service, avant tout départemental, des moralement abandonnés sera organisé d'une manière satisfaisante, quand la nouvelle loi aura porté ses premiers fruits, je suis persuadé que les conseils généraux voudront bien, par l'allocation d'une indemnité, tenir compte aux inspecteurs du surcroît d'occupations et de responsabilités qui va leur incomber. Le service des moralement abandonnés est placé, d'ailleurs, comme le sont tous les services départementaux, sous votre haute direction ; et, si l'inspecteur exerce la tutelle des mineurs recueillis par l'administration en conformité de la loi du 24 juillet 1889, c'est au préfet seul qu'il appartient de prononcer leur admission.

D'un autre côté, pour assurer d'une manière pleinement satisfaisante l'organisation, puis la marche du nouveau service, il y a un grand intérêt à ce que les fonctionnaires de l'inspection soient exonérés d'une notable partie de leur travail d'écritures, travail qui, même aujourd'hui, avant la mise à exécution de la loi du 24 juillet 1889, ne leur laisse pas assez de temps pour les tournées de surveillance. Si l'on veut qu'ils communiquent à leur service l'impulsion désirable, qu'ils le contrôlent avec soin, il est nécessaire de les seconder efficacement dans l'expédition des affaires courantes. Je vous recommande à cet effet de prier le conseil général d'adjoindre au bureau de l'inspecteur un ou deux commis rétribués sur les fonds départementaux : vous ne manquerez pas d'insister sur le caractère équitable et sur la portée éminemment utile de cette mesure qui, à raison de l'économie afférente au remboursement par l'État du cinquième des dépenses extérieures, ne saurait jeter aucun trouble dans les finances départementales.

L'article 25 de la loi du 24 juillet 1889 modifie les règles financières tracées par la loi du 5 mai 1869 ; il apporte à l'économie budgétaire du service des enfants assistés un changement considérable, tout à l'avantage des départements.

En vertu de la loi du 5 mai 1869, l'État paye une subvention égale au cinquième des dépenses intérieures et ne contribue en rien aux dépenses extérieures ; les communes acquittent un contingent réglé par le conseil général et qui ne peut excéder le cinquième des dépenses extérieures ; les quatre cinquièmes des dépenses tant intérieures qu'extérieures sont supportés par les départements.

L'article 25 de la loi du 24 juillet 1889 est ainsi conçu :

« Dans les départements où le conseil général se sera engagé à assimiler, pour la dépense, les enfants faisant l'objet des deux titres de la présente loi aux enfants assistés, la subvention de l'État sera portée au cinquième des dépenses, tant extérieures qu'intérieures des deux services, et le contingent des communes constituera pour celles-ci une dépense obligatoire, conformément à l'article 136 de la loi du 5 avril 1884. »

En votant l'assimilation prévue par l'article 25, les conseils généraux diminueront les charges départementales d'une somme représentant la différence entre le cinquième des dépenses extérieures et les trois cinquièmes de la dépense des moralement abandonnés, dépense dont les deux autres cinquièmes seront supportés par l'État et les communes. Il y a tout lieu de penser que, même avec un service convenablement doté et suffisamment ouvert, les trois cinquièmes de la dépense des moralement abandonnés seront loin de former une somme égale au cinquième des dépenses extérieures. Il y a certainement bien moins de mineurs moralement abandonnés que d'enfants assistés, d'enfants appartenant aux catégories déterminées par le décret du 19 janvier 1811. D'autre part, grâce aux précieuses garanties données par la loi aux associations et aux particuliers qui recueillent des mineurs moralement abandonnés, il est permis d'espérer que la charité privée contribuera, dans une mesure assez étendue, aux charges nouvelles de l'assistance ; pour un certain nombre de ces mineurs, l'intervention administrative se bornera sans doute à une surveillance, et n'imposera dès lors aucune dépense aux budgets. Enfin, tandis que l'immense majorité des enfants assistés entrent dans le service à un âge où il faut payer pour leur entretien, beaucoup des mineurs moralement abandonnés, recueillis de treize à seize ans, pourront, soit immédiatement, soit après une très courte période, être placés au pair chez les particuliers.

Dans ces conditions, je le répète, la balance de l'opération est à l'avantage des départements ; en votant l'assimilation, les conseils généraux allègent les finances départementales d'une charge plus lourde que celle qu'ils leur imposent.

Ils ne voudront pas, d'ailleurs, j'en suis persuadé, faire profiter des sommes devenues ainsi disponibles un autre service
que celui des enfants assistés, dont la dotation est si insuffisante dans beaucoup de départements encore. Pour diminuer l'effrayante mortalité des pupilles en leur procurant de
bonnes nourrices, pour assurer plus tard à ces enfants une
alimentation et une hygiène convenables, pour déterminer
leurs patrons à les envoyer régulièrement à l'école, il est indispensable d'allouer un prix de pension rémunérateur. « Il n'est
ni juste de réclamer ni possible d'obtenir des nourrices, des
nourriciers, des patrons, un acte de bienfaisance, un sacrifice
en faveur des pupilles. Le salaire payé à ces personnes doit
être calculé de telle sorte qu'après l'exécution fidèle des engagements qu'elles contractent, elles réalisent encore un bénéfice ; ce profit n'est pas seulement licite, il est, au point de vue
des nourrices, nourriciers et patrons, la raison d'être du contrat. Les tarifs adoptés sont-ils dans leur ensemble, établis
de façon à laisser à cette clientèle de l'administration une
marge suffisante, une marge appréciable de bénéfice ? » (Rapport présenté au Conseil supérieur de l'Assistance publique
sur la revision de la législation des enfants assistés, fascicule 23 des publications du Conseil supérieur, page 19.) La
négative est malheureusement démontrée par la lecture des
chiffres que cite ce document ; et, si la moyenne des tarifs
est trop modique, l'examen de ceux qui occupent le dernier
rang suggère les plus tristes réflexions.

Vous avez déjà reçu le rapport susvisé : je vous en adresse
de nouveau un petit nombre d'exemplaires ; vous voudrez
bien les répartir de la manière que vous jugerez la plus utile
et, en tout cas, en offrir un exemplaire au conseiller général
rapporteur du service des enfants assistés.

D'ici à la session du mois d'avril prochain, vous ferez procéder par l'inspecteur départemental à une étude approfondie
des tarifs en vigueur, à l'effet de savoir dans quelle mesure il
convient de les élever pour assurer le bon recrutement des
nourrices et pour placer les pupilles dans une condition plus
satisfaisante, au double point de vue de l'éducation et de l'hygiène. L'administration a notamment le devoir de leur garantir le bienfait de l'enseignement primaire ; et il est déplorable, il est scandaleux que, par la faute des patrons, ou
plutôt par la faute des tarifs, ces enfants, qui devraient donner

le bon exemple, fréquenter assidûment l'école, en soient souvent les réfractaires ou les déserteurs. La scrupuleuse exécution de la circulaire que M. le Ministre de l'instruction publique, à la demande de mon prédécesseur, a bien voulu vous adresser le 10 novembre dernier, vous sera pour cette constatation d'un grand secours.

Vous communiquerez au conseil général les résultats de l'étude d'ensemble dont je viens de vous parler ; vous y joindrez vos appréciations personnelles, et vous mettrez ainsi l'assemblée à même d'employer, au mieux des intérêts de ces pupilles, les sommes que rendra sans doute disponibles le remboursement du cinquième des dépenses extérieures ; elle pourra ainsi réaliser d'importantes et d'urgentes réformes sans grever les finances du département.

Mais ce n'est pas seulement, ce n'est pas même surtout à des considérations budgétaires qu'obéiront les conseils généraux en assimilant pour la dépense les enfants moralement abandonnés aux enfants assistés. Les assemblées départementales seront frappées du caractère profondément humanitaire, démocratique et libéral de la loi du 24 juillet 1889, ce nouveau titre d'honneur pour la République. Les mots « dans l'intérêt de l'enfant », que le texte reproduit bien des fois, ne sont pas une formule vaine ; elles sont l'expression de la pensée maîtresse dont le législateur s'est inspiré dans la conception comme dans les détails de son œuvre. Si la protection de la loi s'étend, sans distinction de fortune, à tous les enfants de parents indignes, à tous les mineurs moralement abandonnés, c'est en pratique à l'égard des enfants pauvres qu'elle s'exercera le plus souvent, ce sont les petits et les humbles qui en éprouveront surtout le bienfait. Quant au caractère libéral de la loi, il ressort nettement des dispositions dont j'ai parlé plus haut, qui préviennent tout arbitraire, qui font des tribunaux les seuls juges des contestations que le placement des mineurs peut soulever entre l'administration et les associations de bienfaisance ou les particuliers. Les conseils généraux apprécieront le grand intérêt social, jusqu'à présent en souffrance, que la nouvelle loi a pour but et aura pour effet de sauvegarder. A la faveur des garanties qu'elle donne, on peut et on doit recueillir les enfants moralement abandonnés, les instruire, les préserver ou les relever ; de ces enfants qui, laissés dans un milieu corrompu, seraient inévitablement perdus, viendraient grossir l'armée du vice et souvent celle du crime, il s'agit de faire d'honnêtes travailleurs et de bons citoyens : il n'est pas de plus noble tâche, d'entreprise plus salutaire pour l'avenir du pays.

Telle est l'œuvre en vue de laquelle les administrations d'assistance, les institutions charitables et les personnes bienfaisantes doivent multiplier et associer leurs efforts, en vue de laquelle le gouvernement de la République adresse aujourd'hui un pressant appel au patriotisme des assemblées départementales : leur réponse favorable est certaine.

Je vous prie, Monsieur le Préfet, de demander au conseil général de prendre, au cours de sa prochaine session, l'engagement prévu par l'article 25 de la loi du 24 juillet 1889, c'est-à-dire de décider formellement qu'il assimile pour la dépense les enfants faisant l'objet des deux titres de cette loi aux enfants assistés. Vous voudrez bien me communiquer ultérieurement, sans aucun retard, la délibération qui sera intervenue. J'apprécierai ultérieurement si l'organisation et le fonctionnement du nouveau service répondent aux prescriptions légales, et si le département remplit dès lors la condition à laquelle est subordonné le remboursement par l'État du cinquième des dépenses extérieures.

Je vous recommande de m'accuser réception de la présente circulaire par un des plus prochains courriers.

Recevez, Monsieur le Préfet, l'assurance de ma considération la plus distinguée.

Pour le Ministre de l'intérieur :

Le Directeur de l'assistance et de l'hygiène publiques,

Henri MONOD.

LOI

Le Sénat et la Chambre des députés ont adopté,
Le Président de la République promulgue la loi dont la
teneur suit :

TITRE PREMIER

CHAPITRE PREMIER
De la déchéance de la puissance paternelle.

Article premier. — Les père et mère et ascendants sont
déchus de plein droit, à l'égard de tous leurs enfants et des-
cendants, de la puissance paternelle, ensemble de tous les
droits qui s'y rattachent, notamment ceux énoncés aux articles
108, 141, 148, 150, 151, 346, 361, 372 à 387, 389, 390, 391,
397, 477 et 935 du Code civil, à l'article 3 du décret du 22 février 1851 et à l'article 46 de la loi du 27 juillet 1872 :

1° S'ils sont condamnés par application du paragraphe 2
de l'article 334 du Code pénal ;

2° S'ils sont condamnés, soit comme auteurs, co-auteurs
ou complices d'un crime commis sur la personne d'un ou
plusieurs de leurs enfants, soit comme co-auteurs ou complices d'un crime commis par un ou plusieurs de leurs enfants ;

3° S'ils sont condamnés deux fois comme auteurs, co-
auteurs ou complices d'un délit commis sur la personne d'un
ou plusieurs de leurs enfants ;

4° S'ils sont condamnés deux fois pour excitation habituelle
de mineurs à la débauche.

Cette déchéance laisse subsister entre les ascendants déchus
et l'enfant les obligations énoncées aux articles 205, 206 et
207 du Code civil.

Art. 2. — Peuvent être déclarés déchus des mêmes droits :

1° Les père et mère condamnés aux travaux forcés à perpétuité ou à temps, ou à la réclusion comme auteurs, co-auteurs
ou complices d'un crime autre que ceux prévus par les articles
86 à 101 du Code pénal ;

2° Les père et mère condamnés deux fois pour un des faits

suivants : séquestration, suppression, exposition ou abandon d'enfants ou pour vagabondage ;

3° Les père et mère condamnés par application de l'article 2, paragraphe 2, de la loi du 23 janvier 1873, ou des articles 1, 2 et 3 de la loi du 7 décembre 1874 ;

4° Les père et mère condamnés une première fois pour excitation habituelle de mineurs à la débauche ;

5° Les père et mère dont les enfants ont été conduits dans une maison de correction, par application de l'article 66 du Code pénal ;

6° En dehors de toute condamnation, les père et mère qui, par leur ivrognerie habituelle, leur inconduite notoire ou scandaleuse ou par de mauvais traitements, compromettent soit la santé, soit la sécurité, soit la moralité de leurs enfants.

Art. 3. — L'action en déchéance est intentée devant la chambre du conseil du tribunal du domicile ou de la résidence du père ou de la mère, par un ou plusieurs parents du mineur au degré de cousin germain ou à un degré plus rapproché, ou par le ministère public.

Art. 4. — Le procureur de la République fait procéder à une enquête sommaire sur la situation de la famille du mineur et sur la moralité de ses parents connus, qui sont mis en demeure de présenter au tribunal les observations et oppositions qu'ils jugeront convenables.

Le ministère public ou la partie intéressée introduit l'action en déchéance par un mémoire présenté au président du tribunal, énonçant les faits et accompagné des pièces justificatives. Ce mémoire est notifié aux père et mère ou ascendants dont la déchéance est demandée.

Le président du tribunal commet un juge pour faire le rapport à jour indiqué.

Il est procédé dans les formes prescrites par les articles 892 et 893 du Code de procédure civile. Toutefois, la convocation du conseil de famille reste facultative pour le tribunal.

La chambre du conseil procède à l'examen de l'affaire sur le vu de la délibération du conseil de famille lorsqu'il a été convoqué, de l'avis du juge de paix du canton, après avoir appelé, s'il y a lieu, les parents ou autres personnes et entendu le ministère public dans ses réquisitions.

Le jugement est prononcé en audience publique. Il peut être déclaré exécutoire nonobstant opposition ou appel.

Art. 5. — Pendant l'instance en déchéance, la chambre du conseil peut ordonner, relativement à la garde et à l'éducation des enfants, telles mesures provisoires qu'elle juge utiles.

Les jugements sur cet objet sont exécutoires par provision.

Art. 6. — Les jugements par défaut prononçant la déchéance de la puissance paternelle peuvent être attaqués par la voie de l'opposition dans le délai de huit jours à partir de la notification à la personne et dans le délai d'un an à partir de la notification à domicile. Si, sur l'opposition, il intervient un second jugement par défaut, ce jugement ne peut être attaqué que par la voie de l'appel.

Art. 7. — L'appel des jugements appartient aux parties et au ministère public. Il doit être interjeté dans le délai de dix jours, à compter du jugement s'il est contradictoire, et, s'il est rendu par défaut, du jour où l'opposition n'est plus recevable.

Art. 8. — Tout individu déchu de la puissance paternelle est incapable d'être tuteur, subrogé-tuteur, curateur ou membre du conseil de famille.

Art. 9. — Dans le cas de déchéance de plein droit encourue par le père, le ministère public ou les parents désignés à l'article 3 saisissent sans délai la juridiction compétente, qui décide si, dans l'intérêt de l'enfant, la mère exercera les droits de la puissance paternelle tels qu'ils sont définis par le Code civil. Dans ce cas, il est procédé comme à l'article 4. Les articles 5, 6 et 7 sont également applicables.

Toutefois, lorsque les tribunaux répressifs prononceront les condamnations prévues aux articles 1er et 2, paragraphes 1, 2, 3 et 4, ils pourront statuer sur la déchéance de la puissance paternelle dans les conditions établies par la présente loi.

Dans le cas de déchéance facultative, le tribunal qui la prononce statue par le même jugement sur les droits de la mère à l'égard des enfants nés et à naître, sans préjudice, en ce qui concerne ces derniers, de toute mesure provisoire à demander à la chambre du conseil, dans les termes de l'article 5, pour la période du premier âge.

Si le père déchu de la puissance paternelle contracte un nouveau mariage, la nouvelle femme peut, en cas de survenance d'enfants, demander au tribunal l'attribution de la puissance paternelle sur ces enfants.

CHAPITRE II
De l'organisation de la tutelle en cas de déchéance de la puissance paternelle.

Art. 10. — Si la mère est prédécédée, si elle a été déclarée déchue ou si l'exercice de la puissance paternelle ne lui est pas attribué, le tribunal décide si la tutelle sera constituée dans les termes du droit commun, sans qu'il y ait, toutefois, obligation pour la personne désignée d'accepter cette charge.

Les tuteurs institués en vertu de la présente loi remplissent leurs fonctions sans que leurs biens soient grevés de l'hypothèque légale du mineur.

Toutefois, au cas où le mineur possède ou est appelé à recueillir des biens, le tribunal peut ordonner qu'une hypothèque générale ou spéciale soit constituée jusqu'à concurrence d'une somme déterminée.

Art. 11. — Si la tutelle n'a pas été constituée conformément à l'article précédent, elle est exercée par l'Assistance publique, conformément aux lois des 15 pluviôse an XIII et 10 janvier 1849, ainsi qu'à l'article 24 de la présente loi. Les dépenses sont réglées conformément à la loi du 5 mai 1869.

L'Assistance publique peut, tout en gardant la tutelle, remettre les mineurs à d'autres établissements et même à des particuliers.

Art. 12. — Le tribunal, en prononçant sur la tutelle, fixe le montant de la pension qui devra être payée par les père et mère et ascendants auxquels des aliments peuvent être réclamés, ou déclare qu'à raison de l'indigence des parents il ne peut être exigé aucune pension.

Art. 13. — Pendant l'instance en déchéance, toute personne peut s'adresser au tribunal par voie de requête, afin d'obtenir que l'enfant lui soit confié.

Elle doit déclarer qu'elle se soumet aux obligations prévues par le paragraphe 2 de l'article 364 du Code civil, au titre de la tutelle officieuse.

Si le tribunal, après avoir recueilli tous les renseignements et pris, s'il y a lieu, l'avis du conseil de famille, accueille la demande, les dispositions des articles 365 et 370 du même code sont applicables.

En cas de décès du tuteur officieux avant la majorité du pupille, le tribunal est appelé à statuer de nouveau, conformément aux articles 11 et 12 de la présente loi.

Lorsque l'enfant aura été placé par les administrations hospitalières ou par le directeur de l'Assistance publique de Paris chez un particulier, ce dernier peut, après trois ans, s'adresser au tribunal et demander que l'enfant lui demeure confié dans les conditions prévues aux dispositions qui précèdent.

Art. 14. — En cas de déchéance de la puissance paternelle, les droits du père et, à défaut du père, les droits de la mère, quant au consentement au mariage, à l'adoption, à la tutelle officieuse et à l'émancipation, sont exercés par les mêmes personnes que si le père et la mère étaient décédés, sauf les cas où il aura été décidé autrement en vertu de la présente loi.

CHAPITRE III

De la restitution de la puissance paternelle.

Art. 15. — Les père et mère frappés de déchéance dans les cas prévus par l'article 1er et par l'article 2, paragraphes 1, 2, 3 et 4, ne peuvent être admis à se faire restituer la puissance paternelle qu'après avoir obtenu leur réhabilitation.

Dans les cas prévus aux paragraphes 5 et 6 de l'article 2, les père et mère frappés de déchéance peuvent demander au tribunal que l'exercice de la puissance paternelle leur soit restitué. L'action ne peut être introduite que trois ans après le jour où le jugement qui a prononcé la déchéance est devenu irrévocable.

Art. 16. — La demande en restitution de la puissance paternelle est introduite sur simple requête et instruite conformément aux dispositions des paragraphes 2 et suivants de l'article 4. L'avis du conseil de famille est obligatoire.

La demande est notifiée au tuteur qui peut présenter, dans l'intérêt de l'enfant, ou en son nom personnel, les observations ou oppositions qu'il aurait à faire contre la demande. Les dispositions des articles 5, 6 et 7 sont également applicables à ces demandes.

Le tribunal, en prononçant la restitution de la puissance

paternelle, fixe, suivant les circonstances, l'indemnité due au tuteur, ou déclare qu'à raison de l'indigence des parents il ne sera alloué aucune indemnité.

La demande qui aura été rejetée ne pourra plus être réintroduite, si ce n'est par la mère, après la dissolution du mariage.

TITRE II

DE LA PROTECTION DES MINEURS PLACÉS AVEC OU SANS L'INTERVENTION DES PARENTS

Art. 17. — Lorsque des administrations d'assistance publique, des associations de bienfaisance régulièrement autorisées à cet effet, des particuliers jouissant de leurs droits civils ont accepté la charge de mineurs de seize ans que des pères, mères ou des tuteurs autorisés par le conseil de famille leur ont confiés, le tribunal du domicile de ces pères, mères ou tuteurs peut, à la requête des parties intéressées agissant conjointement, décider qu'il y a lieu, dans l'intérêt de l'enfant, de déléguer à l'Assistance publique les droits de puissance paternelle abandonnés par les parents et de remettre l'exercice de ces droits à l'établissement ou au particulier gardien de l'enfant.

Si des parents ayant conservé le droit de consentement au mariage d'un de leurs enfants refusent de consentir au mariage en vertu de l'article 148 du Code civil, l'Assistance publique peut les faire citer devant le tribunal, qui donne ou refuse le consentement, les parents entendus ou dûment appelés, dans la chambre du conseil.

Art. 18. — La requête est visée pour timbre et enregistrée gratis.

Après avoir appelé les parents ou tuteur, en présence des particuliers ou des représentants réguliers de l'administration ou de l'établissement gardien de l'enfant, ainsi que du représentant de l'Assistance publique, le tribunal procède à l'examen de l'affaire en chambre du conseil, le ministère public entendu.

Le jugement est prononcé en audience publique.

Art. 19. — Lorsque des administrations d'assistance publique, des associations de bienfaisance régulièrement autorisées à cet effet, des particuliers jouissant de leurs droits civils ont recueilli des enfants mineurs de seize ans sans l'intervention des père et mère ou tuteur, une déclaration doit être faite dans les trois jours au maire de la commune sur le territoire de laquelle l'enfant a été recueilli, et, à Paris, au commissaire de police, à peine d'une amende de cinq à quinze francs.

En cas de nouvelle infraction dans les douze mois, l'article 482 du Code pénal est applicable.

Est également applicable aux cas prévus par la présente loi le dernier paragraphe de l'article 463 du même code.

Les maires et les commissaires de police doivent, dans le délai de quinzaine, transmettre ces déclarations au préfet, et, dans le département de la Seine, au préfet de police. Ces déclarations doivent être notifiées dans un nouveau délai de quinzaine aux parents de l'enfant.

Art. 20. — Si, dans les trois mois à dater de la déclaration, les père et mère ou tuteur n'ont point réclamé l'enfant, ceux qui l'ont recueilli peuvent adresser au président du tribunal de leur domicile une requête afin d'obtenir que, dans l'intérêt de l'enfant, l'exercice de tout ou partie des droits de la puissance paternelle leur soit confié.

Le tribunal procède à l'examen de l'affaire en chambre du conseil, le ministère public entendu. Dans le cas où il ne confère au requérant qu'une partie des droits de la puissance paternelle, il déclare, par le même jugement, que les autres, ainsi que la puissance paternelle, sont dévolus à l'Assistance publique.

Art. 21. — Dans les cas visés par l'article 17 et l'article 19, les père, mère ou tuteur qui veulent obtenir que, l'enfant leur soit rendu s'adressent au tribunal de la résidence de l'enfant, par voie de requête visée pour timbre et enregistrée gratis.

Après avoir appelé celui auquel l'enfant a été confié et le représentant de l'Assistance publique, ainsi que toute personne qu'il juge utile, le tribunal procède à l'examen de l'affaire en chambre du conseil, le ministère public entendu.

Le jugement est prononcé en audience publique.

Si le tribunal juge qu'il n'y a pas lieu de rendre l'enfant

aux père, mère ou tuteur, il peut, sur la réquisition du ministère public, prononcer la déchéance de la puissance paternelle ou maintenir à l'établissement ou au particulier gardien les droits qui lui ont été conférés en vertu des articles 17 ou 20. En cas de remise de l'enfant, il fixe l'indemnité due à celui qui en a eu la charge, ou déclare qu'à raison de l'indigence des parents il ne sera alloué aucune indemnité.

La demande qui a été rejetée ne peut plus être renouvelée que trois ans après le jour où la décision de rejet est devenue irrévocable.

Art. 22. — Les enfants confiés à des particuliers ou à des associations de bienfaisance, dans les conditions de la présente loi, sont sous la surveillance de l'État, représenté par le préfet du département.

Un règlement d'administration publique déterminera le mode de fonctionnement de cette surveillance, ainsi que de celle qui sera exercée par l'Assistance publique.

Les infractions audit règlement seront punies d'une amende de vingt-cinq à mille francs.

En cas de récidive, la peine d'emprisonnement de huit jours à un mois pourra être prononcée.

Art. 23. — Le préfet du département de la résidence de l'enfant confié à un particulier ou à une association de bienfaisance, dans les conditions de la présente loi, peut toujours se pourvoir devant le tribunal civil de cette résidence afin d'obtenir, dans l'intérêt de l'enfant, que le particulier ou l'association soit dessaisi de tout droit sur ce dernier et qu'il soit confié à l'Assistance publique.

La requête du préfet est visée pour timbre et enregistrée gratis.

Le tribunal statue, les parents entendus ou dûment appelés.

La décision du tribunal peut être frappée d'appel, soit par le préfet, soit par l'association ou le particulier intéressé, soit par les parents.

L'appel n'est pas suspensif.

Les droits conférés au préfet par le présent article appartiennent également à l'Assistance publique.

Art. 24. — Les représentants de l'Assistance publique pour l'exécution de la présente loi sont les inspecteurs départementaux des enfants assistés et, à Paris, le directeur de l'administration générale de l'Assistance publique.

Art. 25. — Dans les départements où le conseil général se sera engagé à assimiler, pour la dépense, les enfants faisant partie des deux titres de la présente loi aux enfants assistés, la subvention de l'État sera portée au cinquième des dépenses tant extérieures qu'intérieures des deux services, et le contingent des communes constituera pour celles-ci une dépense obligatoire conformément à l'article 136 de la loi du 5 avril 1884.

Art. 26. — La présente loi est applicable à l'Algérie ainsi qu'aux colonies de la Guadeloupe, de la Martinique et de la Réunion.

La présente loi, délibérée et adoptée par le Sénat et par la Chambre des députés, sera exécutée comme loi de l'État.

Fait à Paris, le 24 juillet 1889.

CARNOT.

Par le Président de la République :

Le Ministre de l'intérieur, CONSTANS.	*Le Garde des sceaux,* *Ministre de la justice et des cultes,* THÉVENET.

Telle est cette loi si belle et si nécessaire qui a comblé une grande lacune et qui est appelée à sauver bien des enfants du crime et à en faire des citoyens utiles et honnêtes.

Malheureusement, parfois, on arrive trop tard et certains enfants, lors de leur admission, sont déjà contaminés et perdus. C'est pourquoi nous ne pouvons encore juger entièrement cette loi, car, trop récente, elle n'est pas complètement entrée dans l'histoire, et ses effets ne font que se dessiner sans avoir encore donné tous les résultats dont il est nécessaire de connaître l'ensemble complet avant de pouvoir les apprécier. Or, à notre avis, ces résultats ne seront complets que lorsque des maisons de réforme auront pu être créées, selon le grand désir des inspecteurs de France, pour mettre à l'abri, corriger paternellement et diriger dans la voie du redressement les nombreux pupilles vicieux que cette législation fait entrer dans le service.

C'est par cette loi[1] que nous allons clore notre

---

1. Comme complément à cette loi de 1889, il faut ajouter la loi du 19 avril 1898 sur la répression des violences, voies de fait, actes de cruauté et attentats commis envers les enfants. Voici cette loi :

Loi du 19 avril 1898

Sur la répression des violences, voies de fait, actes de cruauté et attentats commis envers les enfants.

Le Sénat et la Chambre des députés ont adopté,
Le Président de la République promulgue la loi dont la teneur suit :

ARTICLE PREMIER.

Les dispositions suivantes sont ajoutées à l'article 312 du Code pénal :

« Quiconque aura volontairement fait des blessures ou porté des coups à un enfant au-dessous de l'âge de quinze ans accomplis, ou qui l'aura volontairement privé d'aliments ou de soins au point de compromettre sa santé, sera puni d'un emprisonnement de un an à trois ans et d'une amende de seize à mille francs (16 à 1,000f).

« S'il est résulté des blessures, des coups ou de la privation d'aliments ou de soins, une maladie ou incapacité de plus de vingt jours, ou s'il y a eu préméditation ou guet-apens, la peine sera de deux à cinq ans d'emprisonnement et de seize à deux mille francs (16 à 2,000f) d'amende, et le coupable pourra être privé des droits mentionnés en l'article 42 du présent code pendant cinq ans au moins et dix ans au plus à compter du jour où il aura subi sa peine.

« Si les coupables sont les père et mère légitimes, naturels ou adoptifs, ou autres ascendants légitimes, ou toutes autres personnes ayant autorité sur l'enfant ou ayant sa garde, les peines seront celles portées au paragraphe précédent, s'il n'y a eu ni maladie ou incapacité de travail de plus de vingt jours, ni préméditation ou guet-apens, et celle de la réclusion dans le cas contraire.

« Si les blessures, les coups ou la privation d'aliments ou de soins ont été suivis de mutilation, d'amputation ou de privation de l'usage d'un membre, de cécité, perte d'un œil ou autres infirmités permanentes, ou s'ils ont occasionné la mort sans intention de la donner, la peine sera celle des travaux forcés à temps, et si les coupables sont les personnes désignées dans le paragraphe précédent, celle des travaux à perpétuité.

« Si des sévices ont été habituellement pratiqués avec intention de provoquer la mort, les auteurs seront punis comme coupables d'assassinat ou de tentative de ce crime. »

ARTICLE 2

Les articles 349, 350, 351, 352 et 353 du Code pénal sont modifiés ainsi qu'il suit :
« Art. 349. — Ceux qui auront exposé ou fait exposer, délaissé ou fait délaisser, en un lieu solitaire un enfant ou un incapable, hors d'état de se protéger eux-mêmes, à raison de leur état physique ou mental, seront, pour ce seul fait, condamnés à un emprisonnement de un an à trois ans et à une amende de seize à mille francs (16 à 1000f).
« Art. 350. — La peine portée au précédent article sera de deux ans à cinq ans

ouvrage ; elle est la pierre la plus importante que la Troisième République ait placée sur l'édifice de l'œuvre de l'enfance malheureuse, et elle n'est pas encore la dernière pierre, car, comme nous le savons, l'autorité supérieure s'occupe avec trop de sollicitude du sort des enfants assistés pour s'arrêter dans une

---

et l'amende de cinquante à deux mille francs (50 à 2000f) contre les ascendants ou toutes autres personnes ayant autorité sur l'enfant ou l'incapable, ou en ayant la garde.

« Art. 351. — S'il est résulté de l'exposition ou du délaissement une maladie ou une incapacité de plus de vingt jours, le maximum de la peine sera appliqué.

« Si l'enfant ou l'incapable est demeuré mutilé ou estropié, ou s'il est resté atteint d'une infirmité permanente, les coupables subiront la peine de la réclusion.

« Si les coupables sont les personnes mentionnées à l'article 350, la peine sera celle de la réclusion dans le cas prévu au paragraphe 1er du présent article, et celle des travaux forcés à temps au cas prévu par le paragraphe 2 ci-dessus dudit article.

« Lorsque l'exposition ou le délaissement dans un lieu solitaire aura occasionné la mort, l'action sera considérée comme meurtre.

« Art. 352. — Ceux qui auront exposé ou fait exposer, délaissé ou fait délaisser, en un lieu non solitaire, un enfant ou un incapable hors d'état de se protéger eux-mêmes à raison de leur état physique ou mental, seront, pour ce seul fait, condamnés à un emprisonnement de trois mois à un an et à une amende de seize à mille francs (16 à 1000f).

« Si les coupables sont les personnes mentionnées à l'article 350, la peine sera de six mois à deux ans d'emprisonnement et de vingt-cinq à deux cents francs (25 à 200f) d'amende.

« Art. 353. — S'il est résulté de l'exposition ou du délaissement une maladie ou incapacité de plus de vingt jours, ou une des infirmités prévues par l'article 309, paragraphe 3, les coupables subiront un emprisonnement de un an à cinq ans et une amende de seize à deux mille francs (16 à 2000f).

« Si la mort a été occasionnée sans intention de la donner, la peine sera celle des travaux forcés à temps.

« Si les coupables sont les personnes mentionnées à l'article 350, la peine sera, dans le premier cas, celle de la réclusion, et, dans le second, celle des travaux forcés à perpétuité. »

ARTICLE 3

L'article 2 de la loi du 7 décembre 1874 est modifié comme il suit :

« Art. 2. — Les pères, mères, tuteurs ou patrons, et généralement toutes personnes ayant autorité sur un enfant ou en ayant la garde, qui auront livré, soit gratuitement, soit à prix d'argent, leurs enfants, pupilles ou apprentis âgés de moins de seize ans, aux individus exerçant les professions ci-dessus spécifiées[a], ou qui les auront placés sous la conduite de vagabonds, de gens sans aveu ou faisant métier de la mendicité, seront punis des peines portées en l'article 1er[b].

« La même peine sera applicable aux intermédiaires ou agents qui auront livré ou fait livrer lesdits enfants et à quiconque aura déterminé des enfants, âgés de moins de seize ans, à quitter le domicile de leurs parents ou tuteurs pour suivre des individus des professions susdésignées.

« La condamnation entraînera de plein droit, pour les tuteurs, la destitution de la tutelle. Les père et mère pourront être privés des droits de la puissance paternelle. »

ARTICLE 4

Dans tous les cas de délits ou de crimes commis par enfants ou sur des enfants, le juge d'instruction commis pourra, en tout état de cause, ordonner, le ministère

---

a. Acrobates, saltimbanques, charlatans, montreurs d'animaux ou directeurs de cirques (art. 1er de la loi du 7 décembre 1874).

b. Six mois à deux ans d'emprisonnement et 16 fr. à 200 fr. d'amende.

voie qui, après avoir été le petit sentier perdu que nous avons pu remarquer au commencement de ce livre, est maintenant devenue une route large ouverte sur tous les horizons de la bienfaisance.

Du reste, comment se désintéresser d'enfants qui se comptent actuellement par milliers ? Les services d'assistance sont devenus d'une telle extension qu'ils forment maintenant une des branches la plus importante des administrations publiques.

Depuis le commencement de ce siècle, nous avons vu le nombre des enfants abandonnés augmenter d'année en année ; ce nombre n'a pas diminué de nos jours[1].

Des chercheurs ont essayé d'analyser la cause de cet accroissement ; ils se sont demandé s'il était

---

public entendu, que la garde de l'enfant soit provisoirement confiée, jusqu'à ce qu'il soit intervenu une décision définitive, à un parent, à une personne ou à une institution charitable qu'il désignera, ou enfin à l'Assistance publique.

Toutefois, les parents de l'enfant jusqu'au cinquième degré inclusivement, son tuteur ou son subrogé-tuteur et le ministère public pourront former opposition à cette ordonnance ; l'opposition sera portée, à bref délai, devant le tribunal, en chambre du conseil, par voie de simple requête.

ARTICLE 5

Dans les mêmes cas, les cours ou tribunaux saisis du crime où du délit pourront, le ministère public entendu, statuer définitivement sur la garde de l'enfant.

ARTICLE 6

L'article 463 du Code pénal est applicable aux infractions prévues et réprimées par la présente loi.

ARTICLE 7

Sont et demeurent abrogées toutes les dispositions antérieures contraires à la présente loi.

La présente loi, délibérée et adoptée par le Sénat et la Chambre des députés, sera exécutée comme loi de l'État.

Fait à Paris, le 19 avril 1898.

Signé : FÉLIX FAURE.

Le Garde des sceaux,
Ministre de la justice et des cultes,
Signé : V. MILLIARD.

[1] En 1800, il y avait 80 000 enfants. Au 31 décembre 1900, il y en avait exactement 137 532 et au 31 décembre 1901, 141 206.

dû à la misère ou à l'abaissement de la moralité publique. Ils ont voulu, en séparant ces deux causes, connaître laquelle des deux est la plus vraie, et ils ont fini par n'y plus voir clair et ne rien répondre du tout ; ou, du moins, leurs réponses sont si peu précises qu'elles se perdent dans l'inconnu et dans un perpétuel point d'interrogation.

La misère ? Mais n'a-t-elle pas toujours existé ? L'homme n'était pas plus heureux dans les siècles précédents que dans le nôtre. L'humanité a toujours souffert et pleuré.

La moralité ? Mais valons-nous moins que nos ancêtres ? Lisons les moralistes, en remontant du xviii⁰ au xvii⁰ siècle, aux âges antérieurs et jusqu'à l'antiquité, nous y trouverons l'éternelle faiblesse de l'homme et nous verrons que les plus belles vertus ont toujours marché côte à côte avec les scandales et les vices. L'humanité a toujours erré, et l'on est loin de la voir arrivée à l'heure où elle n'errera plus.

Tel est ce que disent les uns.

Et ils ont raison.

Cependant ne voit-on pas plus de misère et d'immoralité à notre époque? Depuis que l'industrie a fait tant de progrès, combien de milliers d'ouvriers vivent dans le noir des usines, entre les perpétuelles tentations des grèves qui les font mourir de faim, eux et leurs familles, et entre la dangereuse et malsaine promiscuité des sexes qui les fait à chaque heure du jour côtoyer l'immoralité où les faux pas sont si faciles pour y glisser !

Et au-dessus de tout cela plane en maître l'alcool meurtrier qui les tue tous ou presque tous.

L'alcoolisme, voilà le roi de la misère et de l'immoralité, voilà le tyran dont les innocentes victimes deviennent les enfants qu'il prend entre ses bras de brute pour les jeter dans l'abandon.

Tel est ce que disent les autres.

Et ils ont encore raison.

Hélas ! la misère seule, la misère imméritée force parfois de pauvres parents à se débarrasser de leurs enfants en les confiant à l'assistance publique; mais ces abandons sont les moins nombreux, car ils ne se produisent qu'à la dernière extrémité, alors que le courage et la bonne volonté sont écrasés sous la lutte pour la vie.

C'est la misère jointe à l'immoralité qui est la cause la plus grande des multiples abandons d'enfants. Ils sont nombreux, en effet, les enfants que les pères et mères délaissent, parce que l'inconduite jette dans la famille la désunion en même temps que le manque de ressources.

Ils sont encore plus nombreux ceux qui, mis en nourrice aux quatre coins des provinces, y sont abandonnés par suite de la disparition de leurs mères naturelles. Celles-ci, poussées par la misère, ne pouvant plus payer les mois d'élevage, ou voulant sans encombre et sans gêne se livrer à la prostitution, ne donnent bientôt plus signe de vie. Elles disparaissent dans les profondeurs des grandes villes, en sorte que les nourrices, ne recevant plus leur salaire, se voient forcées de confier à l'administration les malheureux nourrissons abandonnés. Aucune semaine ne se passe sans voir de tels abandons.

Et à ces causes vient se joindre un dernier facteur

qui est la connaissance de plus en plus étendue des lois relatives au service de l'enfance malheureuse.

Oui, plus la loi est connue, plus certaines mères sont tentées d'abandonner leur enfant; et il n'en peut pas être autrement, car une porte ouverte engage à entrer. Ce n'est pas la faute de la loi, c'est la faute de la perversité humaine.

La loi est nécessaire et elle est établie dans un très louable but : celui du salut des pauvres enfants. Ce n'est pas sa faute si les parents sont des indignes.

Cette loi est une bienfaitrice ; ce n'est pas sa faute si quelques-uns en font une tentatrice.

Nous avons été témoins déjà de bien des exemples d'abandons par suite de cette connaissance du service des enfants assistés. Et, pour ne citer qu'un fait entre autres, nous avons connu une fille, mère de trois enfants, qui les avait élevés durant plusieurs années. Elle vint à connaître qu'il lui était possible de les délaisser à l'assistance. Alors elle prétexta sa misère qui était réelle, il est vrai, mais qui ne l'avait pas empêchée jusque-là d'élever ses enfants alors qu'elle ne croyait pas pouvoir s'en défaire, et, voulant être plus libre dans sa débauche, elle les abandonna.

Huit jours après, une autre fille, mère aussi de trois enfants, ayant eu connaissance de ce fait, car toutes ces prostituées se le disent entre elles, vint de même abandonner les siens.

Quelques jours ensuite, une autre fille de la même ville en fit autant pour son unique enfant, puis une autre encore ; et il en fut ainsi pendant près d'un mois. C'était une contagion.

Pour le bien moral des enfants, il valait mieux que ces jeunes êtres fussent confiés à l'assistance publique que de rester en compagnie de telles mères ; mais il n'en est pas moins vrai que la connaissance de la loi fut la cause principale de ces abandons.

Combien de sages-femmes aussi qui, connaissant les rouages de l'assistance, engagent les mères, qui accouchent chez elles, à abandonner leurs enfants ! L'exemple en est journalier.

Si nous parlons ainsi de la connaissance du service et de la loi comme cause de la multiplicité des abandons, c'est que philosophiquement nous recherchons ces causes et que nous ne devons pas omettre celle-ci qui nous paraît très réelle.

La loi n'en doit pas moins planer au-dessus de toutes ces faiblesses de la corruption ; elle est faite en vue d'une large bienfaisance, et, comme telle, elle ne craint pas d'être connue de tous. Ceux qu'elle tente et qui y ont recours, quoique parfois ils eussent pu faire autrement, sont ceux à qui il manque quelque chose dans le cœur : ils ne sont plus dignes d'élever leurs enfants, et l'administration, qui en prend alors la responsabilité, les élèvera mieux qu'eux.

Cependant, dira-t-on, depuis le décret de 1811, voici près de cent ans que cette porte est ouverte, et vous dites que le chemin n'en est pas encore connu de tous, mais seulement que sa connaissance ne fait que se répandre de plus en plus ! Oui, cela est vrai ; et si l'on connaissait auparavant le chemin du tour dont le cylindre de bois pouvait être aperçu de tous les passants, l'on ne connaissait plus autant le chemin du bureau ouvert. Et cela est tellement vrai que certains journalistes eux-mêmes, encore à notre époque, écrivent, au sujet de l'assistance publique, des lignes absolument erronées, qu'ils ne se permettraient jamais d'écrire s'ils connaissaient la loi, et la manière superbe dont elle est appliquée par toute la France.

Que l'on critique nos lois d'assistance si l'on veut, et on le peut car il y aura toujours un défaut aux meilleures cuirasses, fussent-elles de bronze ou d'or ! Oui, qu'on les critique ces lois, car tout peut être critiqué en ce monde, mais la critique ne les ternira point [1].

---

1. A propos des critiques et des journalistes, il est intéressant de rappeler ici que, le 2 janvier 1894, un journal publiait un article suivant lequel les enfants assistés de notre pays étaient les objets des traitements les plus sauvages.

Cet article, que tout le personnel de l'inspection connaît, fut relevé aussitôt par le Directeur de l'assistance et de l'hygiène publiques, M. H. Monod, qui en prit occasion pour faire un travail magistral sur le fonctionnement du service dans toute la France. (Voir fascicule n° 48 du *Conseil supérieur de l'assistance publique.* 2 volumes.) Ce travail, écrit avec cœur et clarté et suivi de tous les rapports des inspecteurs, est un tableau splendide de la condition des enfants assistés à notre époque.

J'ai dit, au commencement de ce livre, que mon but n'était pas de raconter des anecdotes. Mais ceux qui aiment les anecdotes, toujours intéressantes surtout quand il s'agit d'enfants, pourront lire ce rapport de M. Monod ; ils y rencontreront des faits nombreux tout à l'honneur de nos paysans, à l'honneur de nos enfants assistés, à l'honneur du personnel de l'inspectorat de France.

En parlant des rapports qui lui venaient de tous côtés et qui s'exaspéraient de l'injustice de l'article paru, M. Monod pouvait écrire :

« A mesure que je lisais, je croyais voir s'élever un monument à la gloire de mon pays ; il me parut qu'il y aurait avantage à faire partager ma fierté patriotique et à procurer à d'autres le réconfort que m'avait donné cette lecture. »

De là ce beau rapport. C'est une émouvante page d'histoire qui restera dans les annales de l'assistance.

Nous avons vu, dans le cours de cet ouvrage, avec quel dévouement les hommes les plus supérieurs n'ont cessé de travailler pour le perfectionnement successif de l'œuvre de l'enfance abandonnée. Ce dévouement peut-il être critiqué sans ingratitude ?

La Troisième République, à son tour, a accompli son œuvre après tous les gouvernements antérieurs, et même elle a surpassé ceux-ci dans les questions d'assistance les plus diverses. Elle a rendu la *loi du 15 juillet 1893* sur l'assistance médicale gratuite ; la *loi du 29 mars 1897* sur l'assistance aux vieillards, infirmes et incurables, etc., etc.

Puis, ne se contentant pas seulement des enfants assistés, elle a jeté son regard sur les milliers d'enfants de France que leurs familles placent en nourrice aux quatre coins du territoire ; et, pour les protéger contre des dispositions trop mercenaires, elle a conçu *la belle loi du 23 décembre 1874,* qui coûte des millions mais qui sauve bien des vies.

Aucune question humanitaire ne lui est demeurée étrangère et elle a auréolé son front des plus beaux fleurons de la bienfaisance. Mais nous n'avons pu nous occuper de tous ces fleurons dans le cadre de cet ouvrage, qui demeure restreint aux seuls enfants assistés pour lesquels aussi elle a tant fait.

Il reste peut-être encore beaucoup à faire, et on le fera. Rien n'est parfait, mais tout doit marcher vers la perfection.

L'idéal complet est certainement trop haut pour être atteint, car plus on y tend plus il semble reculer : les artistes sont là pour le dire, et ceux qui font les lois et gouvernent peuvent le dire également. Mais il y a un idéal relatif que l'on a poursuivi sans cesse depuis le commencement de ce siècle, et l'on doit reconnaître sans exagération ni sans flatterie qu'il a été atteint à notre époque actuelle.

Pour le parfaire, l'administration supérieure a émis, en 1893, un projet de loi sur le service des enfants assistés, projet « réunissant et unifiant en un seul texte les dispositions éparses, disséminées en plusieurs lois, décrets, ordonnances ou règlements et qui, remontant à des dates diverses, ne présentent pas entre elles toute l'harmonie désirable ».

Ce serait le rajeunissement du service.

Dans l'unité seule existe l'harmonie, et ce sera par la codification générale des règles à suivre qui ne feront plus alors qu'un seul tout, que le service des enfants assistés poursuivra davantage encore sa route dans une clarté qui ne donnera plus lieu ni aux interprétations diverses ni à la malveillance.

Il serait donc à souhaiter que les Chambres s'occupassent sans tarder d'une loi si importante. Le xix⁵ siècle, durant lequel tant de choses ont été faites pour les pauvres petits êtres abandonnés, vient de finir : cette loi, qui a été élaborée dans les dernières années de ce siècle, en serait le couronnement.

Par elle, la grande œuvre de l'enfance deshéritée prendrait un nouvel essor en déployant son vol au milieu de l'aurore du xxᵉ siècle qui commence.

Et, s'il est vrai que les peuples heureux n'ont pas d'histoire, alors, pour le bonheur des enfants assistés, autant du moins qu'il est permis d'y songer parmi les besoins si divers et si changeants de notre humanité, le service pourrait approcher d'une assez grande perfection pour que, de longtemps lui aussi, il n'ait plus besoin de faire l'objet de l'histoire.

TABLE DES MATIÈRES

CHAPITRE V

LES ENFANTS SOUS LA RÉVOLUTION (*suite*)

CHAPITRE VI

LES ENFANTS SOUS L'EMPIRE

CHAPITRE VII

DE LA CHUTE DE L'EMPIRE A L'ANNÉE 1837

CHAPITRE VIII

DE 1838 A 1843

CHAPITRE IX

DE 1843 A 1850

CHAPITRE X

DE 1850 A 1870

CHAPITRE XI

DU TOUR

CHAPITRE XII

LES ENFANTS SOUS LA TROISIÈME RÉPUBLIQUE

NANCY, IMPRIMERIE BERGER-LEVRAULT ET Cie

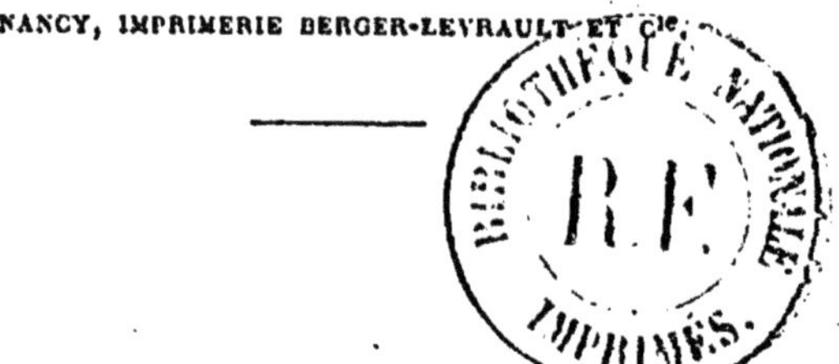

Documents manquants (pages, cahiers...)

NF Z 43-120-13

9 782016 177976